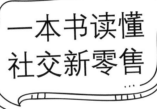

一本书读懂
社交新零售

徐东遥◎著

机械工业出版社
China Machine Press

图书在版编目（CIP）数据

一本书读懂社交新零售 / 徐东遥著 . —北京：机械工业出版社，2020.5

ISBN 978-7-111-65575-6

I. 一… II. 徐… III. 网络营销 IV. F713.365.2

中国版本图书馆 CIP 数据核字（2020）第 081263 号

一本书读懂社交新零售

出版发行：机械工业出版社（北京市西城区百万庄大街 22 号　邮政编码：100037）
责任编辑：孙海亮
责任校对：李秋荣
印　　刷：北京诚信伟业印刷有限公司
版　　次：2020 年 6 月第 1 版第 1 次印刷
开　　本：147mm×210mm　1/32
印　　张：8.5
书　　号：ISBN 978-7-111-65575-6
定　　价：89.00 元

客服电话：（010）88361066　88379833　68326294　　　投稿热线：（010）88379604
华章网站：www.hzbook.com　　　　　　　　　　　　　　读者信箱：hzit@hzbook.com

刚刚进入 2020 年，我们就听到不少知名传统企业关店的消息：从曾经风靡全国、年入 50 亿元到如今关店 1300 家、裁员6000 人，真维斯宣布进入破产清算程序；拉夏贝尔预计归属于上市公司股东的净利润为 −21 亿元～−16 亿元，一年关店 4469 家，或被退市；富贵鸟宣告破产；达芙妮 4 年关店近 4000 家；德尔惠负债 6 亿元，现已销声匿迹……

看到这些陪伴 80 后和 90 后成长的品牌遇到困境，我们在失落的同时也会感到惋惜。作为社交新零售的实践者，我不禁会想：如果这些企业都重视社交营销渠道会怎么样？如果这些企业的员工都可以利用移动互联网工具进行销售会怎么样？如此巨大的门店数量和客户数量，如果通过社交渠道再做一遍会不会找到自己的第二曲线？

分享经济成为实践大众创业、万众创新的新方法，而最佳的分享渠道正是社交和口碑，移动互联网成为其中不可或缺的工具。

为什么要关注社交渠道？它能给实体企业带来什么结果？它

对企业有什么帮助？传统企业是否能够开辟社交营销渠道？我们来看下面两个传统行业的案例。

第一个案例：

桂姐是河北衡水地区非常有实力的企业家，旗下产业包括商超、车行、酒店，年营业额数亿元。桂姐2016年开始做社交新零售，10多万人的经销商团队，每年营收超10亿元。桂姐之所以在传统企业做得那么大的情况下依然积极进军社交新零售领域，是因为她的员工们。桂姐说："我经常会到自己投资的商圈实地考察，每每看到商铺的老板让员工扮成猪八戒、孙悟空去吸引路边的游客时，我的心就会隐隐作痛！这些都是我的商铺，他们都是我的员工，但传统零售只能通过这些方法去吸引游客的眼球。我必须寻找一条更好的发展之路。"

第二个案例：

我的一位朋友经营着一家针织类企业，其品牌在央视有很高的知名度，常年请一线明星代言，一年投入很多广告费。他跟我讲："我们公司2018年的营业额近20亿元，在全国有2万多名代理商。在外人看来我们很优秀，要钱有钱，要人有人，要品牌有品牌，但是我们一点都不敢放松。近几年，针织行业杀出一匹又一匹的黑马，有的只用了一年半的时间，年营销额就超过20亿元，因为它们有几十万的社交渠道的代理商！我们必须开辟社交营销渠道！"

自2015年至今，我和我的企业"DBUB微谷国际"累计服务了超过6000家企业，我自己每年会为100家以上年营收过亿的品牌提供跟随式服务。这些品牌大多通过社交渠道开始创业，做大后再逐渐开展全渠道营销，其中很多仅用三到五年的时间就实现了年营收 10 亿元。它们虽然所处的领域不同，面临的市场情况也不同，但是有一个共同点：都采用了"社群 + 社交渠道经销商 + 实体店"的营销模式。

比如，内衣品牌歌瑞森用社交渠道开启品牌之路，带着数以万计的女性共同创业。她们用产品提升内在气质，用教育提升创业技能，线上学习、营销，线下开办沙龙与实体店。短短 5 年时间，歌瑞森就成为内衣行业在社交新零售领域的标杆企业。

类似歌瑞森的例子还有很多。针织品牌娅茜优艾于 2016 年涉足社交新零售，短短 3 年的时间，就在全国拥有了数万创业者；美妆品牌的代表三草两木，在 2015 年已入驻近百个城市，开设近千个化妆品专柜，同时在 2016 年开启"美动百城"计划，入驻 180 家万达广场开设微体验店；美妆品牌麦吉丽主打明星力，定位中高端女性护肤市场，在各大商圈设立了品牌专柜。

在未来，实体门店、社交渠道经销商、社群将会成为驱动企业增长的三驾马车，线下通过门店导流到线上，线上通过社群营销实现裂变和转化，之后再引流到线下，完成交易。核心经销商采用合伙人制，底层采用会员制；线上采用社群营销，线下门店用于转化和锁定客户。这样就会形成一套闭环循环增长的商业模式。

在社交红利、人口红利、科技红利、政策红利的驱动之下，每家企业都需要搭建社交新零售渠道。但是在这之前，企业主必须先明白社交新零售的本质，明白身处其中的消费者的思维方式，然后才能有的放矢，转变自己的运营思维，重构产品，升级商业模式。每一次转变都会面临各种风险，转型社交新零售也不例外，若是盲目进入，你很可能会遇到意想不到的陷阱。当然，在你成功之后也会收获很多意想不到的惊喜。

本书的宗旨就是将社交新零售的思维、方法、流程、工具、风险，用最简单的方式呈现出来，帮助大家少走弯路。不论你是否去做这件事，至少可以先明白行业的成功者是如何做的。不要羡慕成功的创业者，在这本书里你可以看到他们所用的方法，虽然不能简单粗暴地将他们所用的方法复制到自己身上，但是那些成功经验总会帮你照亮前进的路。也不要摈弃那些失败的创业者，他们失败的原因在本书中也能找到，你会理解他们的辛酸和无奈，然后以他们为镜，反观自身，避免自己犯同样的错。

　　表象的背后总有很多隐相，都看明白了，才能找到真相。《一本书读懂社交新零售》将帮助大家拨开眼前迷雾，找到成功背后的真相。

　　现在，就让我们开启真相的探索之旅吧！

致 谢

感谢微谷中国的社交新零售导师队伍，感谢连续 6 年为推动行业发展付出努力与做出贡献的 200 多位同事。本书中很多实战方案来自以下几位行业导师。

（1）凌教头：微谷中国联合创始人，《微商创业者手册》作者，"中国微商操盘手"主讲老师。为行业培养了 2000 多位企业级操盘手，打造了众多社交新零售超级品牌。

（2）金旭龙：微谷中国联合创始人，"微商创业者手册 2"《微商团队系统化运营实操秘籍》作者，"社交新零售策略班""社交新零售方案班"主讲老师，超级品牌模式专家。

（3）程生：微谷中国联合创始人，《品牌商学院》作者，微谷教育研究院院长，短视频营销专家。

（4）蒋尚宏：微谷中国联合创始人，社交新零售产品体系设计专家，"社交新零售策略班"主讲老师，微谷中国渠道和销售体系缔造者。

（5）张奔：微谷中国联合创始人，《我是微商 4》作者，"闪电百万富翁体系"缔造者，"招商风暴""销讲核能量"主讲老师。

（6）聂真实：微谷中国联合创始人，《微商中国》作者，"全军营销落地系统"缔造者，"领袖智慧"主讲老师。

自 2013 年至今，从微商到超级个体、超级团队、超级品牌，再到如今的社交营销渠道，众多企业开始重视这个领域，纷纷开始开展社交新零售业务，甚至打造社交新零售品牌，这背后离不开上述导师们的付出。感谢这些领路者，在行业每次遇到瓶颈、遭遇阻碍时，他们都能够积极面对，向国家相关部门提供行业研究报告，为行业政策建言献策，为推动行业前进传经布道。社交新零售美丽的风景线上，因有他们的身影而变得更精彩，我也因有这些创业伙伴而感到骄傲与自豪。

目　录

| 第8章 | 社交新零售招商系统

1

深入了解社交新零售

1.1 什么是新零售

1.1.1 新零售是谁提出来的

社交新零售到底是什么？其中的核心词是"零售"。"新零售"这个词，不同的人有不同的理解，不同的平台、意见领袖也会给出不同的定义。

提起"新零售"这个已经火得不能再火的概念，我们第一个想到的肯定是马云。马云在杭州·云栖大会上提出了"五新"，第一个"新"就是"新零售"。新零售的概念一抛出，就迅速引起热议。然而，2017年12月，在第四届世界互联网大会上，在央视财经对雷军的采访中，雷军提到，自己比马云更早提出"新零售"。雷军为何敢这么说呢？

在采访中雷军表示："我们市场部考证了一下，好像全国第一个讲新零售的就是我。我上午在一个地方讲，马云下午在另一个会场讲，我们是同一天讲的。可能阿里声量大，讲得多。不过，不论谁先谁后，大家都不约而同地看到了新机会。"

雷军对新零售的解释为：通过线上线下互动融合的运营方式，将电商的经验和优势运用到实体零售中，以改善购物体验，提升流通效率，将质高价优、货真价实的产品卖给消费者，以此实现消费升级的创新零售模式。

马云提出的新零售的定义是："电子商务"会成为传统概念，未来会是线下、线上、物流结合的"新零售"模式。就像物流的本质不是快，而是降库存。只有线下、线上、物流真正结合，才能为企业带来更多收益。

如今"新零售"已经成为行业发展趋势，正引领全球零售行业的发展。马云的功劳毋庸置疑，当然，也不能否定雷军在新零售上的实践成果。

2017 年 3 月，苏宁的张近东在"两会"上提出了"智慧零售"的概念，用苏宁易购总裁侯恩龙的说法就是"三全三化"，即"全渠道、全产业、全客群"和"场景化、智能化、个性化"。归纳起来就是：任何地点、任何渠道、任何产品和服务，不管是什么类型的客户，都能通过智能化的手段买到称心如意的个性化产品。苏宁"两大两小多专"的布局囊括了零售行业最完整的消费生态。

2017 年 7 月，京东的刘强东在《财经》杂志发表了《第四次零售革命》一文，根据京东与腾讯的动作可知，其本质应当就是"无界零售"的概念。刘强东提出的"无界零售"，突出的是零售的无边无际，是无处不在的零售模式。现在我们购物还需要手机，还需要进店，以后就可能是看到什么喜欢的商品，眨一下眼睛就能通过智能眼镜购买了。无界零售可以归纳为：场景无限，无论在什么时间、什么地点；货物无边，商品、数据、服务都会在一起销售；人企无间，用户会参与到产品的设计当中，也可能会成为企业的分销商。京东的"京 X 计划""7Fresh""京东之家"等都是在朝着无界零售的方向布局。

其实细究来看，"新零售""智慧零售""无界零售"三个概念殊途同归，都是要打通全渠道，都是运用最新的技术手段，都是对用户提供个性化服务。区别在于各家的重点略有不同：阿里更偏重于以用户为中心，以用户为价值导向；苏宁更偏重于提供全面和智慧的服务；京东则更偏重于打破边界，提高效率和服务。

如果说，"新"是对"旧"的迭代，是对效率的提升，那么我们姑且就用"更高效率的零售方式"来理解"新零售"吧。社交新零售是指通过口碑与转介绍带来新的、更高效率的销售机会的零售方式。

1.1.2 新零售的定义

对于新零售的定义，百度百科是这样描述的：新零售，即个人、企业以互联网为依托，通过运用大数据、人工智能等先进技术手段并运用心理学知识，对商品的生产、流通与销售过程进行升级改造，进而重塑业态结构与生态圈，并对线上服务、线下体验及现代物流进行深度融合的零售新模式。线上、线下和物流结合在一起，才会产生新零售。

从这个精细化的定义中我们可以得出新零售的更新点，总结出来可以分为两点。

1. 从守株待兔到主动出击

传统零售有一定的环境优势，客户是主动上门的，但随着消费需求的更迭，零售商与消费者的关系开始发生颠覆性变化。

新零售时代，零售商为了获取更多客源，一改以往守株待兔的经营模式，纷纷主动出击，从销售、体验到后期的服务，期望形成生态型的良性循环圈，更关注消费者的消费心理和消费体验。

"客人如上帝"的观念已经深入人心。

2. 互联网 + 技术成标配

新零售的另一层"新"，即互联网与技术双剑合璧，由此连通线上与线下，做到全场景覆盖，并通过技术为零售赋能，让零售商能获得更清晰的消费者画像，在调动消费者消费欲望的同时，为消费者创造更便捷、优质的消费体验。

在新零售时代，淘宝从 PC 端转向移动端。在这个过程中，阿里通过后台大数据为主力消费群体画像，利用单身经济文化，大刀阔斧地进行促销活动。他们以网购人群为发力点，以此带动整个社会的零售节奏，创造日销奇迹，消费者被深深吸引。在这种消费刺激下，商家再次夺回主动权，电商成为过去十年的一个飓风口。

但在近几年，市场竞争越来越激烈，技术、商品的同质化越来越严重，市场活动也千奇百怪。在商家的各种攻势之下，消费者又进入新一轮疲软与休眠期。除了已经养成的网购习惯，以及对产品的刚需之外，很多消费者的购买欲望没有以前那么强了。

可是，商家是要通过不断获取利润来维持生存并扩大产业规模的，如果被动等待消费者，恐怕大多数企业会消亡于这座消费寂静岭之上。

是消费者的购买行为回归理性与平静了吗？并不是，而是消费需求和刺激点又经过了一轮洗牌，这一次触动消费者购买欲望的点落在了社交之中，零售业迎来第二次升级转型——**社交新零售**。

1.1.3 社交新零售的定义

通过前文的介绍我们发现，社交新零售就是在新零售的基础上，把社交无缝转接到人们的日常生活中。正是因为这种方式出其不意、毫无违和感地出现在人们的日常社交中，所以其被接纳度更高，市场空间也更大，一下子火了，成为新零售转型升级的方向。

其实，这种商业模式与之前的商业模式相比本质上没有改变，改变的是消费者的心理、行为、习惯，从而导致营销场景、方法、工具的变化。我们分析传统微商、社交电商、社群团购、社区团购、网红带货这五种正火热的商业模式会发现，里面都少不了社交。

- ❑ **传统微商＝社交＋品牌**，可以把这种模式理解为品牌专卖店。
- ❑ **社交电商＝社交＋电商**，可以把这种模式理解为大型商超。

- ❑ 社群团购＝社群＋团购，可以把这种模式理解为夜市、集市。
- ❑ 社区团购＝社区＋团购，可以把这种模式理解为社区便利店。
- ❑ 直播带货＝社交＋销售，可以把这种模式理解为电视购物。

电视购物
直播带货＝社交＋销售

品牌专卖店
传统微商＝社交＋品牌

社区便利店
社区团购＝社区＋团购

社交＋

大型商超
社交电商＝社交＋电商

夜市、集市
社群团购＝社群＋团购

用社交营销做品牌，就是品牌微商（传统微商）；用社交营销做电商；就是社交电商；用社交营销做团购，就是社群团购；用社交营销做社区店，就是社区团购；用社交营销做销售，就是直播（网红）带货。

商业本质从未改变，**改变的只是消费者的思维、行为和习惯**。阳光底下没有新鲜事，流行的新商业模式都是——**新瓶装老酒**，仅是新的营销思维和营销工具换了包装而已，那些最后的赢家往往都是坚守和明白最底层商业逻辑的玩家。

这些新兴商业模式的底层逻辑和本质从未改变：**零售业比拼到最后依然是成本、效率和体验，而零售业的底层商业逻辑和新型社交营销思维才是大家最应该学习的**。这也就是我把这些商业模式统统都称为社交新零售的原因。行业内都用这个词来替代微商，而我对社交新零售的定义为：**凡是应用了社交营销思维、工具、方法论的销售模式都是社交新零售。**

1.1.4　社交新零售从业者的 4 个属性

社交新零售从业者的属性有哪些？

社交新零售从业者＝消费者＋传播者＋服务者＋创业者

- ❑ **消费者属性**：粉丝经济将持续存在，粉丝可以成为团队一员。不管多大的经销商团队，都是由小个体组成的，不可能一开始就有很大规模，而且因为没有形成品牌效应，容易崩盘。社交新零售从业者的第一属性是消费者，因消费而喜欢，因喜欢而分享。

- ❑ **传播者属性**：企业的宣传效果为什么不好？因为传播的内容没有温度，缺乏温度的设计一定没效果。现在的传播正在向去中心化的方向发展，传播的中心已经不再仅是品牌这一个通道，每个人都可以成为品牌的传播者。什么叫朋友圈？朋友圈是我的圈子，我才是朋友圈里的明星，要与我相关才会有温度。所以，传播者要有温度。

❑ **服务者属性**：社交新零售的从业者要有专业能力，而不能是一个只会刷广告的机器。每个从业者都可以有自己的客户群，在群里提供专业服务。所以，必须将代理培养成专业人士。做时装的，必须是一个时尚的人或者形体设计师；做美妆的，必须是一个会化妆的人，即便不会化妆也必须会欣赏；做护肤的，必须是一个护肤专家；做瘦身的，必须是营养专家或者运动达人。

❑ **创业者属性**：如果从业者抱有打工者心态，那就很难对其进行管理。如果抱有创业者心态，即便不对其进行管理，他也会有动力去做。我们必须把每一个代理当作创业者而不是员工。企业投放的广告都是代言人的广告，这是公司思维。而在社交新零售上，企业应该投放的是经销商的广告，谁做得好谁上。公司只是一个服务者，所有的资源都为合作伙伴所用。

1.2　为什么会有社交新零售

1.2.1　实体店面临的 4 个困境

1. 缺少商业规划，导致同业竞争加剧

由于房地产业的迅猛发展，城市商业设施增长过快，且存

在"千店一面"的问题（品牌同质化非常严重，重复率在60%以上），加之商业发展缺少有效规划甚至无规划，造成资源浪费、恶性竞争、利润下滑。而且一些大型超市向供应商收取进场费、店庆费、开业赞助费、物损费等名目繁多的费用，这不仅破坏了公平竞争的环境，扰乱了正常的市场秩序，还将一些不必要的费用强加到了消费者的身上，有的甚至影响了商品的质量。

2. 成本持续走高，运营负担过重

零售企业的人工成本、房租、水电费、刷卡费等成本占总成本的比例在70%以上，有的百货集团人力成本占到企业运营成本的40%以上。尽管"营改增"减轻了企业负担，但依然形势严峻：一方面行业工资水平普遍较低，平均3000元/月，"90后"从事服务业的意愿不足；另一方面用工规模大，人力成本持续上升，薪资成本压力使企业留不住优秀的一线人员。

员工制约了企业的长远发展。人口老龄化严重，员工流失率高，甚至有很多城市的超市招不到人，传统零售业都以增加员工工资来应对招工难。大部分零售业是通过租赁物业房产经营的，近年来房地产价格不断上升，零售业的租金也水涨船高。

3. 落后的消费体验和电商的强烈冲击

随着互联网的飞速发展，以及网络技术的不断完善和更新，电子商务引领了新的销售浪潮。网络购物已经成为消费者热衷的购物渠道之一，年龄在35岁以下的社会主力军，大多会选择网络购物。对比传统的消费者购物流程，互联网经济背景下的网络购物缩短了空间与时间上的距离，为消费者带来了更便捷

的消费体验。而传统零售企业的实体店，一方面受时间和空间限制；另一方面不断上升的经营成本导致消费者的购物体验越来越差。

4. 传统盈利模式的短板

传统百货商场的盈利模式大多是建场收租的"二房东"模式，在收取租金的同时以联合分成的方式从厂商的销售额中抽成。大部分百货企业的自营商品比例为 10%，一线百货企业的毛利率也仅为 20%，这比国外同行低了近 50%。有的实体店自营比例几乎为零，它们主要是以提成返利为主。联扣点的经营模式占到传统经营模式的 95% 左右。面对租金上涨等各种压力，零售业通过提高扣点率和进场费等方式来转嫁压力，压力最终传导到终端消费价格上，从而导致商品价格不断升高。另外，由于自营比例低，难以发挥连锁经营和统一配送优势，无法规模化经营，这也使得成本居高不下。联营的品牌控制力弱，没有商品定价权，这也制约了零售业的发展。

1.2.2　零售渠道的 6 次演化定格社交新零售

终端渠道是销售的"最后一公里"，其将消费者与商品连接起来，零售业的变革很大程度体现在终端渠道的变革上。经济的发展、生产力的进步、科技的创新、消费的升级，不断推动着零售业的改革，也在促进零售渠道的变革。从演化历程看，这个过程总体可以分为六个阶段。

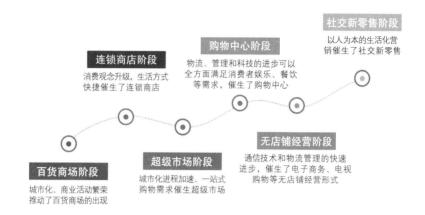

1.百货商场阶段

社会化大生产使商品由短缺走向丰富，城市化造就了大量城市人口和中等收入人群，商业活动也极大地繁荣起来，这一切催生了百货商场。在这个阶段过去分散、单一经营的小商店，发展为综合经营各类商品的百货商场。与传统的小型店铺相比，百货商场营业场地面积大，营业设施比较完善，经营种类比较齐全，满足了顾客多样化的需求，也为厂商提供了展示自己产品的固定场所。消费者可以在百货商场买到各式各样且品质可靠的商品，同时享受逛商场的乐趣。

2.连锁商店阶段

随着消费能力、消费水平、消费观念不断升级，人们开始追求服务的品质、企业的品牌、生活方式的快捷和便利，连锁经营应运而生。连锁商店在总公司的领导下由分店经营同类商品、使用统一的商号、统一采购和配送，实现了零售企业的规模经营。它适应了社会大生产的需要，把现代化的大生产与流通的规模经营，以及消费者的自由购买和个性化消费有机地结合起来，既改变了零售业的经营方式，又充分发挥了规模效应。便利店、专卖店、零售超市等典型的连锁商店大量涌现，一方面提升了消费者购物的便捷性，另一方面让商品和服务更加标准化，满足了消费者对品质和品牌的要求。

3. 超级市场阶段

随着城市化进程的加速，生活物质日益丰富，交通更加快捷。同时，因为社会分工越来越细，使得工作种类越来越多样化，工薪阶层大量产生，人们的时间也变得越来越紧张。1930年迈克尔·库连（Michael Kullen）创办了世界上第一家超级市场（简称超市），超级市场主要经营食品和日常生活用品，采用"一站式购齐"的经营思路以及"无人售货，自主服务"的消费方式。业务流程可概括为"开架售货，自助服务，小车携带，出门结算"16 个字。它继承了百货商店和连锁商店的优点，并采取大量进货、批量销售的经销策路，尽可能降低商品价格，让利消费者，实现了商品的"物美价廉"，同时为消费者节省了时间。超市的出现适应了人们快节奏的生活，满足了城市居民每周购物一次的需求。这极大地影响和推动了整个零售业的发展。

4. 购物中心阶段

一方面，随着物质日渐丰富和居民经济收入持续增加，人们在精神层面的需求更加强烈，消费者的需求更加多样化和个性化。另一方面，物流、管理和科技的进步，提供了零售业发展所需要的流通手段、管理手段和技术设备，使商品的规模化、标准化生产和销售成为可能，购物中心应运而生。购物中心是一种营业面积更大，集购物、餐饮、娱乐、休闲于一体的场所，全方面满足了消费者对娱乐、餐饮和购物的综合性需求。奥特莱斯、万达广场、万象城等大量购物中心涌现，成了消费者重要的消费和活动场所，也是家庭娱乐和亲子活动的重要去处。此外，它还解决了城市中心百货商场和超级市场停车难的问题。

5. 无店铺经营阶段

随着大型及超大型超市的出现，工作和生活变得越来越拥挤，时间变得越来越稀缺，消费者对购物便利性和快捷性的要求更高了。同时，随着通信技术和物流管理的快速进步，尤其是互联网和移动互联网的迅速发展，催生了电子商务等销售方式。无店铺业态开始涌现并爆发式增长，改变了人们的消费习惯。无店铺经营主要是指电视购物、邮购、网上商店、自动售货亭、电话购物等，随着信息技术的应用，以网上商店为主的电子商务成为最具增长潜力、发展空间最大的一种业态。

对经营者来说，其特点主要表现为：无库存和场地限制，经营成本低，可以全天候经营。

对于消费者来说，其特点主要表现为：商品价格低廉，选择余地较大，能节省大量时间。

电子商务具有准确性高、客户信息反馈快等优点。同时，由于是双向交流，所以可以及时了解顾客要求，充分满足消费者的个性化需求。发展到现阶段，自动化销售和电子商务已经非常普遍，并开始蚕食其他实体零售渠道的市场份额。

1997年，黄明瑞创立了大润发超市；2010年，大润发取代家乐福，成为当时中国零售百货业的冠军；2011年，大润发与欧尚合并，在香港上市，成为中国最大的零售商。黄明瑞被称为"陆战之王"。这时，如果你对黄明瑞说："小心马云，6年后，你会被阿里巴巴收购。"估计黄明瑞会想，线上怎么可能会取代线下？但是很快，黄明瑞感受到了电商的威力。2013年，他创立了飞牛网，打算抵御阿里和京东。但是马云、刘强东却不以为然。2017年11月，阿里巴巴斥资224亿元，收购了大润发。

2018年1月，黄明瑞在大润发的年会上感慨道：我们赢了所有对手，却输给了时代，让人唏嘘。但是，大润发真的输给了这个时代吗？未必。零售的战场，仍然硝烟四起，群雄还在逐鹿。只是坦克出现了，人们开始学会打闪电战；互联网出现了，人们开始学会打网络战。战局越来越复杂，但谁也不敢说胜负已定。凡是过往，皆为序章。不管是零售业的老兵，还是互联网的新兵，期待大家都能充分理解新零售这一"新战场"的本质，找到自己的最佳战略，赢得战争，成就更大的辉煌。

王健林卖掉了万达百货，苏宁线上商城在2009年升级为苏宁易购并成为全集团战略，银泰百货也在2012年宣布进军电商。

互联网公司反过来做线下实体，表面上是基于线上线下的融合进行布局，究其根本，是想突破传统电商业务的天花板：中国互联网的人口红利周期到达顶部，经济周期性波动给未来市场带来了不确定性。商业规律告诉我们，没有永恒的增长，永动机并不存在，互联网技术不仅能提高传统行业的周转效率，而且能给电商业务本身带来新的市场。

6.社交新零售阶段

"人"成为信息传播的中心,从自用商品到在社交平台中分享商品或经营场景,从一场自然的"生活状态秀"演化为"个人创业秀",越来越多的人从"玩一玩"到"很重视",从"兼职"到"专职",从"尝试"到"专注",甚至从"个体化"到"品牌化""企业化",社交营销的快速裂变加快了人们对社交新零售的认知,这从另外一个层面也突显出了实体与电商面临的困境。

1.2.3 4大趋势红利催生商业新变革

我们都说,互联网解决了"信息不对称"的问题。在信息对称甚至信息如泰山压顶般而来的时代,由于从信息中提炼知识的速度跟不上,我们反而正在经历"信息过剩,知识不足"的窘境。怎么办?用系统方法论去观察实践,参与实践,提炼出知识,再指导实践,才是不二的法门。

另外,互联网科技创新的一波高潮已经过去了,新的科技还在慢慢孕育中,包括现在的移动互联网。接下来将会是科技创新周期中的孕育期,未来一年或者三到五年,科技创新的高潮和兴奋点可能不再像前几年那么明显,就像现在的新零售一样。新零售现在也处在探索的过程中。全球化的、结构性增长的动力在慢慢丧失,企业要寻找新的结构化的增长点。企业创新型选择的标准到底是什么?对此我们也一直在不断思考和探索,我们通过对移动互联网的不断实践,发现了几个比较好的标准:

❑ 移动互联网的红利，流量在革命。

❑ 社交媒体的红利，营销在革命。

❑ 创新的红利，产品在革命。

❑ 人类大脑的运用，组织在革命。

所有的红利期，到最后能够胜利的都将是趋势的红利。所以，一旦趋势发生了变化，早抓住趋势红利的人都会获得巨大的收益。

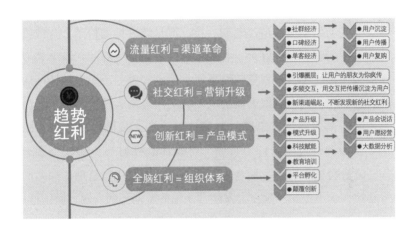

1.流量红利

电商之所以会对传统线下零售业产生重大冲击，不是因为它更"先进"，而是因为流量迁移，导致电商处于红利期。所谓的红利，就是超优性价比。

最近很多人一直在谈渠道革命，其实是在谈流量的红利，移动互联网给予我们的是具有超高性价比的流量，其中包括朋友圈和朋友的朋友圈。

电商之所以能够迅速影响和蚕食线下，是因为通过电商平台能够买到原先不知道去哪儿买的东西，价格也便宜了。此外，淘宝、天猫、京东也在做各种各样的宣传，吸引了大量的流量。当时网络平台上的商家数量还不是特别多时，大量的流量分给了这些商家，获客的成本比较低。因此，电商曾经拥有一个巨大的流量红利期，但是现在电商太多了，因用户搜索而产生的免费流量已经不足以支撑电商发展了，电商的流量红利在逐渐消失。

当线上的巨大流量红利期一过，流量就开始涨价了，这跟线下房东看到门店销量好，于是涨租金的逻辑是一样的。淘宝搞竞价排名、直通车、聚划算，结果就是用更有效的手段来抹掉网店的流量红利，现在看似火爆的电商其实已经沦为传统零售了。因为做零售的逻辑就是不断寻找新流量。那么现阶段的红利在哪儿？比如说会员、口碑、直销、自媒体、社群等，都该怎么运营？流量会被一次一次地磨平，再一次一次变化后重现，如此周而复始，永不停止。现在大家经常谈论的微商、朋友圈、微信群、社群、网红直播、短视频等都是当下的新流量入口，它们也在不断迭代中，时代在进步，一定有人去创新，以寻找新的流量。

我们发现，新的流量红利可能出现在内容创业平台上，比如迅速成长的微信公号。但是，最大的流量红利来自于会员管理，来自于重复购买。忠诚的会员是终身免费的流量。

2. 社交红利

产品好到什么程度才算好？在这个时代，有一个重要标准，就是好到"用户忍不住在朋友圈夸你"。这个标准之所以重要，是因为超过这条标准线的产品，可以享受移动互联网时代最大的红利——社交红利。

社交红利就是移动互联网时代的口碑效应，是一颗免费的"原子弹"。因此，我们不难从中感受到，很多两三年可以做到亿万业绩的社交新零售品牌，甚至百亿规模的社交电商平台，它们成功背后的秘密正是进入了社交红利这个快车道。

3. 创新红利

为什么很多传统巨头在互联网世界折戟沉沙？很多传统产业都是"分散市场"，比如地产、金融、快消品等。资源不同，打法不同，斩获不同，按理来说多少都能分到一定份额。但互联网平台"赢家通吃"，用资金换速度、用速度换规模、用规模换排位、用排位换资金的玩法，让很多人无所适从。如果说互联网给中国带来了什么不好的影响，那么就是大量的创业者都想做平台，都想赚"撮合"的钱，越来越少的人愿意扎实做好产品，就好像从不修炼内功的人，期望靠一本捡来的剑谱称雄武林。

互联网是巨大的投资机会，但不是投机取巧的机会。要享受产品创新红利，首先要端正创业心态，同时更需要紧跟时代的步伐去探索更多高效率的创新模式。现在的所有商品都可以通过互联网、社交传播的属性再做一遍，让产品会说话，以此占位创新红利。

4. 全脑红利

企业是工业时代建立起来的一种组织，封闭性和金字塔结构是其典型特征。企业的决策由高层做出，中间管理层上传下达，基层员工拼命干活，也就是说，整个企业只有几个人充分发挥了脑力，其他人更像是螺丝钉，这种组织模式无法灵活应对快速变化的市场形势和用户需求。建立一个能够充分调动企业全员脑力，甚至能充分调动企业外部脑力的组织机制，从而享受"全脑红利"，是每个企业的挑战和机遇。大众创业、万众创新，正是激发了全民的创业创新意识，开启了全脑的红利。

1.3 "野蛮人"开始入侵

在过去 30 多年的时间里，大家探讨最多的四种商业模式分别是传统零售、微商、电商、新零售。后来又出现了社交新零售、社交电商，2018 年出现了社群电商、社群团购、网红带货、短视频营销等。这些新名词一下子冲进我们的脑海，让我们越来越迷茫：我到底是谁？我应归属哪个范畴？我应该运用哪种方法？

我们最后落地的关键点到底在哪里？这些新兴的方式从出现到落地，最好的实现方式就是通过社交 App 把产品推送给用户。通过微信群、朋友圈把客户引进来，把货物销出去。这些探索都是从 2013 年开始，从微商创业伙伴们的创业方式中总结出来的。

真正用社交方式颠覆新商业的并非那些创业老兵，也并非庞大的机构。曾经我们一直认为 BAT（百度、阿里和腾讯）在引领新商业的风向标，但是这一次社交新零售的变革，却是一群名不见经传的"野蛮人"异军突起带来的。他们打造出千人万人共同参与的社交化营销，创造出了亿万财富。他们有的是宝妈，有的是大学生，有的是"斜杠"青年……这些人在社交媒体中到底做了什么？为什么是他们创造了这一切？我们从以下 12 个关键点为大家剖析这背后的逻辑，这 12 个关键点也是个人创业的 12 个新机遇。

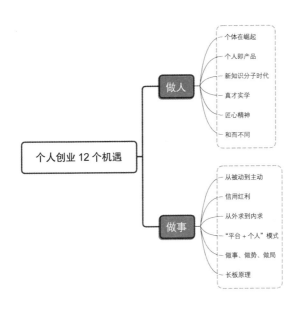

1.3.1　个人创业的 12 个新机遇

个人创业的 12 个新机遇具体如下：

（1）**个体的崛起——未来每个人都是一个独立的经济体**。社交新零售一步一步走来，大家已经看到，每个人都是一个独立的经济体。个人既可以独立完成某项任务，也可以依靠组织完成系统性工程。个体的崛起已被现在的创业形式证明了。

（2）**个人即产品——未来的每个人都是最重要的产品。**产品都是靠人卖出去的，创业者只有让自己更强大，才能让自己、团队、家庭更好。从古至今，每个人都是销售员，只不过有人卖的是实物产品，有人卖的是自己，而且自己永远比产品更好卖。

（3）**主动创造——我们的工作正由被动走向主动。**以前为了谋生，我们需要依托固定的公司，在固定时间、地点重复固定的劳动，这些劳动属于被动式劳动。未来社会的总财富是这样创造出来的：人们依靠自身特长，点对点地对接和完成每一个用户需求，并将相应的劳动充分融入社会的每一个环节中，这些劳动属于主动式创造。

（4）**信用红利——对于未来的每个人来说，有一样东西会变得格外重要，那就是信用。**未来个人的财富路线是这样的：行为—能力—信用—人格—财富。在大数据和互联网的帮助下，你的行为积累出了你的信用值，然后以信用值为支点，以能力为杠杆，以人格为动力，联合撬动的范围就是你的财富值，也是你所掌控的世界的大小。事实上，你在互联网上留下的每一个痕迹都是在累积自己的信用，包括你在微信群里说的每一句话，在朋友圈发的每一个字，都是在向大数据提交你的信用。

（5）**新知识分子时代——**对于每个中国人来说，传统奋斗的五大关键词为背景、学历、资源、人脉、资历；未来奋斗的五大关键词为知识、创新、独立、个性、理想。以前是"学好数理化，不如有个好机会"，现在是"有个好机会，不如自己有文化"，中国的"新知识分子"将重登历史舞台。

（6）**真才实学——一个人出名的方式先后经历了公司包装→参加选秀→成为网红三个阶段。**最开始的时候，人们完全依靠影视娱乐公司的包装来出名；后来流行参加各种选秀节目，如《超级女声》《中国好声音》等；现在开始做网红和主播等。在互联网时代，出名不算什么难事，难的是拥有能够长期出名的真才实学。

（7）**求人不如求己**——中国人正在由"向外求"变为"**向内求**"。外求即求关系、求渠道、求机会；内求即要激发自己的兴趣、热情和希望。当你做好自己，外界的东西就会被你吸引过来，这就是所谓的"求人不如求己"。

（8）**"平台＋个人"模式**——中国正在兴起大量的自由职业者，社会的基本结构从"**公司＋员工**"变成了"**平台＋个人**"。每个人都将冲破传统枷锁的束缚，获得重生的机会，能否成功关键看你是否激发了自身潜在的能量。

（9）**匠心精神**——匠心的本质就是"**爱**"。那些脚踏实地的人，如程序员、设计师、编剧、作家、艺术家等，借助互联网已经把社会的框架搭建完成，剩下的将是灵魂的充实。也就是我们每一位创业伙伴是否真正热爱现在所做的事情，从而把它变成自己的匠心事业！

（10）**三种格局**——未来的人可以分为三种格局：**做事→做势→做局**。初级格局是做事，靠人和工具把事做好；中级格局是做势，靠管理和规则把氛围和势能提高；高级格局是做局，靠系统和制度营造出一套全自动化的运营体系。

（11）**长板原理**——以前我们每个人都被木桶原理所束缚，即你的短板限制了你的综合水平，所以我们总在弥补自己的短板。随着人们协作效率的提高，今后你的长处将决定你的水平。我们不用再盯着自己的短板，只需要将自己擅长的一方面发挥到极致，就会有其他人与你协作，这就是长板原理。

（12）**和而不同**——奋斗可以分为三种境界：第一种境界是我奋斗了18年，才和你坐在一起喝咖啡；第二种境界是我奋斗了 18 年，不是为了和你一起喝咖啡；第三种境界是我奋斗了 18 年，终于不再需要陪你一起喝咖啡。未来人的独立性会越来越强，但协作性也会越来越强。和而不同，正在成为人与人之间的主流关系。

1.3.2 社交新零售的女性特征

社交的本质是人与人之间进行沟通，那么为什么要去谈商业呢？实际上，社交商业的本质有以下三个非常重要的点。

- ❑ 金钱：如何赚钱，如何省钱。
- ❑ 机会：我跟你做能不能对我有提升？你有没有好的项目？有的话，我们可以一起做。
- ❑ 人脉：我们合作，我作为项目合伙人加入你们，或者你加入我们的平台。你如何帮助我？你如何带我？你如何传给我技能和方法？对整个创业型社群，你是否有爱？

为什么把爱加进去？很多人说带团队就是三个字——帮、传、带。之所以我加了一个"爱"字，是因为现在通过社交媒体创业的人中女性多于男性。女性创业者越来越多，她们越来越睿智。在大数据和人工智能时代，机器可以替人们完成很多工作，而机器唯一替代不了的就是女性的感性。现在已经是感性创业者的时代了。大量女性加入创业者的行列，创造出各种奇迹，这无疑使很多企业、品牌、平台感到震惊，纷纷开始关注这条新赛道。他们万万没有想到，在这条创业赛道上玩命狂奔的"野蛮人"90% 以上居然是女性！

是的，若将社交新零售拟人化，那么无疑她是女的，这是客观存在的事实。新时代的零售追求的是体验式消费，强调性价比，注重社交化的情感交流，这些都是女性特征。回顾整个社交新零售的发展历程，不难发现其确实有女性化趋势，互联网等新技术就是驱动这种趋势出现的力量。

1.3.3　社交新零售的 3 个特征

消费升级促使更多的消费者开始追求商品的附加值，用户的消费行为和购买触点都在不断发生变化，需求变得无限多元且快速迭代。在新消费的倒逼下，为适应消费的趋势，零售的特征也在持续改变，且呈现出以下 3 个特征。

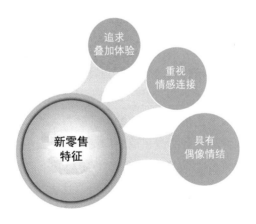

1. 追求叠加体验

随着互联网的发展，体验经济逐渐兴起，人们对零售有了更高更多的要求。

首先，**追求产品的体验**。现在的消费者在购物时喜欢货比三家，在消费升级的背景下，既要求物美，也看重价廉，且追求高性价比。他们注重产品的体验和品质，对生活质量提出更高的要求，不仅要求商品"能用"，还希望商品"好用"，甚至能带来"享受"。

其次，**追求服务的体验**。一项贴心的服务可以让消费者感动（比如买衣服送一束玫瑰花或一张祝福卡），一处未注意的细节也会引来破口大骂。

最后，**追求消费的体验**。消费者渴望消费的过程有档次、有品位，最好可以满足其虚荣心，在好的消费体验过程中冲动消费也是司空见惯的。

2. 重视情感连接

好的消费品牌之所以备受追捧、获得溢价，就在于其带给消费者的情感享受、情感认同和情感归属，这种情感体验可提升品牌的用户体验。在消费过程中，消费者很渴望被理解、被尊重，甚至被关爱，情感连接成为商业的驱动要素。比如蘑菇街，是专注于时尚和女性消费者的电子商务网站，为姑娘们提供衣服、鞋子、箱包、配饰和美妆等商品，蘑菇街 APP 也成为时尚女性购物和互相分享的必备品。它巧妙地通过"每天至少爱一次"整合营销传播活动，巧妙地把握购物和爱情间的微妙联系，主打"感情牌"，将女性粉丝牢牢地抓住。同时，沟通是人类的天性，人们更愿意与他人交流、沟通、表达情感。而社交网络的产生，使人人都有发声的渠道，人们在社交网络上更加有表达自我的欲望。移动互联网时代，对碎片化时间的有效利用更有利于了解消费者，让整个社会更加注意他们的表达和他们的意愿。社交新零售的兴起，正是抓住了这样的趋势。传统电商模式下，流量分发由平台主导，但在移动互联网时代，这一模式难以复制，因为移动流量是碎片化的。因此，如何玩转这些碎片化的流量，是赢得移动电商市场的关键。从京东在微信和手机 QQ 上的探索来看，社交是最佳入口。

3. 具有偶像情结

目前，娱乐圈很多艺人的身价已经到了令人匪夷所思的地步。他们有一个共同的特点就是被消费者喜欢，尤其是女性消费者。人们追星的狂热从来都是有增无减的，商家也都会利用这个特点大做文章，比如 ViVo 和 OPPO 手机请李易峰、彭于晏、陈伟霆等当红小生做广告。

偶像的力量给零售带来的商业价值不可小觑。京东调研数据显示，在"00 后"用户中，尤其是女性，因为喜欢明星的推荐而选择购买该商品的比例高达 29.5%。"00 后"对产品的需求刚刚开始展现，他们特别容易受到自己喜欢的明星影响。

1.3.4　社交新零售心法：得女性者得天下

随着时代的发展，女性在社会和家庭中扮演的角色越来越重要，社交新零售只有占据了女性的心才能取得竞争优势。

1. 女性是购物的中坚力量，拥有更多消费主权

《中国妇女》最近的一项调查显示，四分之三的女性掌握着

家庭的财政大权，女性将成为购物的中坚力量。因此，零售必须抓住女性的情感诉求和场景体验。相比于男性，女性在家庭日常消费中更具有决定权。如今，除了在服饰、珠宝、化妆品等消费领域女性是消费主角之外，在家居、食品、日用品等零售消费领域，女性也成为消费的主角。据统计，我国 20 岁至 50 岁的女性已超过 2.5 亿人，在服装、珠宝、化妆品等领域，女性消费金额每年都以 7 倍于男性消费金额的速度增长。

《2016 年女性财富管理报告》显示，过去 30 年，女性平均收入增长 63%。同时，有超过八成的家庭消费由女性做主：购买服饰、化妆品的话语权为 88%，购买家居用品的话语权为 85%，休闲旅游的话语权为 84%，母婴产品的话语权为 69%。毫无疑问，女性在消费市场中的潜力要远大于男性。

2. 移动互联网时代，女性用户有更强的消费欲望

在移动互联网时代，女性更擅长利用碎片化时间，而男性有更集中化的倾向。男性更看中社会化角色，容易为了事业而忽视家庭角色和朋友角色。相比男性而言，女性在多重角色之间会平衡，她们不想放弃事业，又想做好妻子、母亲、女儿、闺蜜的角色，因此女性练就了利用碎片化时间的绝技。对于一些年轻的职业家庭主妇来说，有大量空闲时间，而移动互联网正是利用碎片时间的一个极好的方法。市场研究公司 Comscore 发布的《女性在上网：女性如何影响互联网》的研究报告称，女性每月花在社交网络上的时间比男性高出 30%；尼尔森的调查显示，女性占所有移动社交用户的 55%。

在互联网时代，时间变得越来越宝贵，注意力成了零售最想吸引的稀缺资源，谁能更好地占据消费者的时间，谁就能在红海竞争中脱颖而出。正是因为善于利用碎片化时间，女性会被触发更强的购物欲望，带来更多交易的可能，这也凸显出女性用户在移动互联网时代不容忽视的重要地位。同时，这样的趋势也给了零售两种选择：是通过零售的线上线下融合多渠道吸引流量，还是做强线下零售把线上流量导到线下？

1.3.5　法则：社交新零售构建竞争优势的三部曲

新零售如何构建自己的优势，以迎合女性消费者的诉求，占领消费的制高点？ 2019 年"她经济"的整体市场规模达到了 4.5 万亿元，零售为了迎合女性经济，获取女性消费者，可以从哪些方面入手呢？企业要在场景、数据、情怀等方面下功夫，打造有趣、有心、有爱的零售体验。

1. 有趣：打造个性化的消费场景

千篇一律的消费场景对女性消费者的吸引力越来越弱，零售渠道的同质化严重影响了全流程的消费体验。有人说：一千个读者心中有一千个哈姆雷特，一千个消费者心中却只有一个相同的购物中心。目前，中国零售呈现出"千店一面，千店同品"的局面，千店一面是零售企业连锁化经营发展的结果，其核心方法就是标准化和格式化。标准化是零售进行规模化生产经营和规范化管理的前提，然而，在个性化时代，标准化开始显得不合时宜。

根据商圈、业态、目标消费群体等的差异化，基于大数据的支撑，零售场景的打造应该向个性化转变。为了满足消费者越来越细分的个性化需求，需要大力推广先进的技术手段，如大数据分析、精准消费者画像；同时继续聚焦产品品质，通过买全球、卖全球来拓展优质商品品类。消费场景如果真正做到千店千面，甚至千人千面，那么零售的潜力将会彻底被激发，消费的潜能也会得到充分挖掘，当然，这必须借助大数据的力量。

在争夺女性顾客方面，电商已经走在前列，各种针对女性的服务内容和软硬件开发已经在进行。相比之下，线下的购物中心等零售终端，仍然停留在打折、促销等比较初级的阶段。

首先，女性都爱美，购物中心应看项目中有多少女性喜欢的美。无论是购物中心的名字，还是项目的环境和景观，都应该从女性的审美角度进行设计，要把购物中心变成广大女同胞喜欢的地方。其次，在以女性为主要目标群体的服饰、化妆品、母婴、时尚家居等业态中，需要引进更多符合女性消费特征的新兴业态，让女性消费者获得更多好的体验。此外，除了环境和业态外，购物中心还应该更多地体现对女性的关怀，在诸如女性卫生间数量、母婴室等基础设施上做到位，把女性关怀体现在各个业态中、各个环节中，以吸引女性消费者的注意。

2. 有心：建立恋爱式的情感连接

女性喜欢被关爱、被尊重、被理解，同时对于"懂我"的商业品牌具有极高的忠诚度，甚至会主动成为传播者。针对此特点，零售应该建立会员体系，并完善消费者档案，通过不断迭代的数据，完善消费者画像。如此一来，可以做到在失落时给予关怀，在需要时送上祝福，在特殊的日子暖心地呵护，像一位贴心的"初恋男友"一样无微不至，从而得到女性用户的青睐。想想看，当你认为又要单身度过一个没着落的生日时，有人在你上班时高调地送上一束鲜艳欲滴的红玫瑰，并用精致的卡片送上"亲爱的，你每一年的今天我都会默默陪伴你度过"的祝福，让你在同事面前异常惊艳，你怎么会不爱上他？

3. 有爱：寻求偶像式的价值认同

基于女性热衷追星的特质，企业可以通过明星代言的方式，不断与消费者建立共同认知。我们正处在一个偶像营销的时代，偶像营销最大的特点就是能够善用消费者"爱屋及乌"的情感，零售企业可以以此为纽带，与消费者建立友好的情感沟通，让消费者将对偶像的情感转移到产品、品牌或企业上。肯德基请鹿晗作为代言人，并聘请其为鹿店长，吸引了一大批粉丝的关注；屈臣氏自从请杨洋为代言人之后，会员人数增加了 800 万人，会员购买其店内商品总数达到 518 亿件，屈臣氏会员卡总数即将突破6000 万张。这些零售企业的尝试，都是在与消费者寻求偶像式的价值认同。

另外，偶像营销也有一定的风险，作为公众人物，明星的话题多，是非也多，如何挑选明星为自己的产品代言，零售企业应特别谨慎。除了请明星代言，企业也可把自己打造为"偶像"（IP），同样也可以建立坚实的价值认同。

2016 年"双 11"，蚂蚁花呗宣布将当天定为"女王日"，并单独给女性用户提额，人均提升 5000 元，此举背后反映的是"她经济"的崛起。在大多数女性掌握家庭消费权的大趋势下，社交新零售的女性特征必将越来越明显，表现为创业者女性居多、女性购买者居多、朋友圈和社群的运营女性化明显等。企业如果不能真正走进"感性"消费者与经营者的心中，一定会被时代抛弃。

1.4　社交新零售优势分析

据《2019 职场人年中盘点报告》显示，在所有"斜杠"职业[⊖]中，社交新零售占比最高，约为 26.8%，社交新零售已经成为最有前景的副业。那么，人们为什么选择社交新零售？

在职场人眼中，社交新零售利润可观且易上手，工作相对灵活，所以备受职场人喜爱。

在经济寒冬下，大量的企业和品牌都遇到不同程度的挑战，业绩下滑，但社交新零售逆向而行、大有可为，在最近几年造就了大量的创业奇迹。我们可以看到很多普通人从负债到月入百万；也可以看到很多自创品牌在短短几年的时间内，从一个新名字成为年收入过亿的强势品牌，口碑还很不错。如果认真分析这个行业会发现，这里面有很多值得创业者们学习的地方。

本节将用最通俗的语言，让你更懂社交新零售。

　⊖　"斜杠"人群指的是拥有多重职业和身份的多元生活人群，而"斜杠"职业指的是主业外的其他职业，也就是副业。

　　社交新零售的从业者代表当下移动互联网的先进生产力。请大家以空杯心态去了解这个行业。有些人说："他们发的朋友圈太没水平了，天天卖货，影响他人，找不到工作的人才去搞微信群营销和直播卖货。"如果你还戴着有色眼镜看待社交新零售，那只能说明不是这种创业方式低端，而是你落伍了。社交新零售的创业方式，可能是当下最符合移动互联网的商业模式。

　　移动互联网创业者可能是最懂且最会运用社交的一群人。我于 2014 年在《我是微商》这本书中提出"未来人人皆微商"的观点，马云在 2016 年提出"未来将有 40 亿人在网上买东西和卖东西"的观点，未来的商业就是社交商业。

　　移动互联网几乎颠覆了之前的所有商业形态，其中最重要的改变就是社交。在物质商品极大丰富的今天，消费者的痛点不再是买不到，而是该买哪一款。这时候，为了降低购买的决策成本和风险，消费者不再依赖生硬的户外广告，因为那种广告太冰冷，不能给他们信任感。

取代性	发展	购买行为
淘宝 京东 无法取代社交	朋友圈卖货 分享经济 新零售	朋友推荐 意见领袖推荐 KOI 推荐

大家应该已经注意到了，**我们现在很多的购买行为都源于熟人或者喜欢的意见领袖（KOl）的推荐**。淘宝和京东没能够垄断整个消费品市场，因为他们社交属性不强。而现在"自媒体＋电商"的模式越来越流行，一个网红的带货能力堪比一家公司。

未来社交会成为一切商业的基础，做不好社交，就做不好商业。社交新零售的重点是社交，这批创业者爱交流，爱沟通，积极主动，他们会先交朋友再卖货，这就是社交商业的本质。

做生意，除了产品以外，一般要解决这四个核心问题：产品曝光（俗称打广告）、获客（包括拉新和留存）、用户管理和交易系统。这四个问题，微信生态基本上都能解决。

1. 适合社交新零售的土壤已经非常成熟

做生意，除了产品以外，一般要解决四个核心问题，即产品曝光、获客、用户管理和交易系统。而这四个问题，微信生态基本上都能解决。

大众创业、万众创新，在移动互联网时代，做生意的各个环节及生态链条都可以在一个平台上完成，所以一个人就可以是一家公司。移动互联网是最好的社交营销渠道，而微信几乎可以完美实现商业的闭环。

2. 领导者的成长

众所周知，领导者的成长对企业至关重要。领导者的领导力就是整个团队的天花板，领导力越强，员工能动性就越高，领导力越弱，员工能动性就越差。在传统创业方式中，企业的领导者是企业中地位最高的，大多数员工的水平比领导低，要靠领导去培养。但对于很多中小微企业以及家族企业来说，员工学习与提升的空间会受到很多因素限制，他们更多是依靠阅读或者自行报学习班来实现自我提升。但社交新零售类企业却不一样，只要你进入这样的创业环境，不论你曾经是什么职业，都会有一个领导者带着你做，教你做，帮助你解决问题。你有不懂的问题，在群里、在身边都会有人帮助解答。培训也从不间断，更有意思的是，在传统公司中，大家更多的是面对面在公司里培训，而且是在工作时间。在社交新零售类企业中却不一样，因为创业团队分布在全国各地，而且很多合伙人身兼多职，大家突破了时空的限制，参与培训的时间很自由。

关于领导者的成长速度，社交新零售企业远远快于传统企业，这也是那么多曾经我们不太在意的女性能在这个行业崛起，成为团队领袖的一个重要的原因。

3. 招募渠道

以前企业招募员工，大多需要去招聘网站或者人才市场，但这两个渠道招募来的人不一定都是人才，大多是没有太多从业经验或之前工作不如意的人，看似是企业在招聘人才，实际上企业肩负着巨大的培训成本。我曾看过一篇管理学的文章，它说企业培养一个人的成本是给这个人发的工资的4倍以上。这就意味着，对于中小企业来说，如果招聘一名月薪5000元的员工，要在1年内让这位员工成熟有担当，实际的成本并非仅为6万元年薪，其实还存在着18万元的隐性成本。由此可见，企业在发展过程中存在的隐性风险与资金消耗是非常大的。

而对于社交新零售企业来说，除了少量的内部运营团队外（年回款1亿~5亿元，一般不会超过10人），其他岗位很少会走招聘渠道。社交新零售的企业或团队可以招募代理、合伙人，招募渠道可以是微信群、微信朋友圈、线下朋友的圈子，企业通过展现自己人的改变去激发潜在的伙伴们自动自发地加入企业，并且付费成为代理。在人员招募方面，几乎没有太高的成本。

社交新零售的模式加快了团队的成长速度。

4. 招募过程

传统招聘的过程大多是招聘者拿着应聘者的简历，再问一遍对方已经写好的一切，了解那些已经了解的信息。而应聘者来的目的很明确：赚钱、提升和观察公司与面试官。是的，不要以为是招聘者在考受聘者，从另一个角度看，受聘者也在考招聘者。如果面试官水平一般，应聘者也会主动拒绝。所以，传统的招聘方式实际上是一种博弈，背后的本质是：招聘者永远在找"我认可的人"；应聘者来之前并不一定深入了解过公司，而是期待公司能开出好的条件。这是自相矛盾的事情。

社交新零售把这件事情变简单了：原本不起眼的微信朋友圈、直播与短视频发挥了巨大作用，企业会通过这些社交平台或工具持续发布自己的动态，让受聘者看到企业的价值。移动互联网的时代，不是影响别人，就是被别人影响。主动要求加入的人，都是认可企业的人。

认可企业的人比企业认可的人的忠诚度更高、主观能动性更强、教育成本更低、方向感与目标性更强。

5.创业模式

曾经，大量的创业者自己做老板，他们创办的企业要么是夫妻店、要么是家族企业，然后请几个人过来帮忙。他们看似为每个人分配好了职位和工作，但是并没有形成体系，更没有检视系统，所以很多人会混时间，心态从来都是做一份工作赚一份钱，除了老板，很少有人想过如何通过团队把事业做大做强，更谈不上打造团队了。

社交新零售则与之相反，每个从业者都是创业者，每个人从进入团队的第一天开始就会有领路人带着成长，并不停地强调以团队为中心的理念，哪怕进入行业没几天，团队领导者也会帮助其树立长远目标。

社交新零售让团队成员更有目标感与责任心。

6.创业成本

每个人都有创业的梦想，有些人希望开一家咖啡厅，有些人希望开一家美容院，但是，理想很丰满，现实很骨感。传统的创业方式，通常需要先花几十万元转让费去租一间门面，再花几十万元的装修费用，买设备又得十几万元，之后每个月又是几万元的房租，员工工资一年也得几十万元，并且一年甚至两年以上才能实现盈利。所以很多人说，传统的创业模式下，三年能回本已经算是成功了。

社交营销渠道不需要转让费、不需要租金、不需要店铺、不需要大量的员工，每个人都是创业者，少则几百元，多则几万元成本就可以成为品牌与团队的创业伙伴，这种创业模式的成本与风险只是传统创业模式的百分之一！

社交新零售让创业成本大大降低，让创业风险大大降低，让创业效率大大提高。

7. 处理事务

传统创业模式下，如果你要开一家公司，工商、税务、房租、环保、招聘、培训、公关、产品、推广、营销、成交、服务等所有的事情都得自己操心，真正用在经营上的时间不足十分之一。而通过社交新零售创业，沟通即业绩、发朋友圈即业绩、直播即业绩、做团队即业绩，团队所做的只是一件事——出业绩。团队目标很明确，针对性也很强。

社交新零售调动了个体创业者更多的积极性和有效时间，每个人都成为一个超级个体、一家分公司，他们成为公司的自由合伙人，而其他的烦琐事务，全部由公司解决。

8. 团队人数

用传统的方式经营公司，10 人以下是微型公司，100 人左右是中小型企业，1000 人以上是大型企业。一家企业要步入稳定发展轨道，通常得花 3～5 年的时间，甚至更久。让传统企业很难理解的是，一些大学毕业生和在家带娃的宝妈们，有些人三五个月便拥有了百人经销团队，有的人不到一年便拥有了千人经销团队，甚至有人在两年内便拥有了万人经销团队。这些大学生和宝妈一个月创造的业绩居然可以超越一家百人公司一年的业绩。

9. 从业人数对比

1988 年保险行业在中国兴起，2017 年，保险行业从业人数达 700 万。

1990 年直销进入中国，2017 年，直销从业人数达 360 万。

2013 年社交营销出现，至 2019 年，该领域的个体创业者数量已超过 5000 万。

10. 海量客户背后

5000 万社交新零售创业者，他们自力更生，自给自足，他们不仅解决了自己的就业问题，还帮助解决了身边至少 5000 万人的就业问题，比如旅游业、酒店业、娱乐业、快递业……一个行业的诞生，一定会带动很多与之互补的上下游行业发展。

11. 资源分配平衡

更多人愿意参与社交新零售的一个主要原因是：自己开发的

资源掌握在自己手中。曾经，很多人认为开门店资源掌握在自己手中，其实不然，资源掌握在小区、街道和商圈手中。门店换个位置，这些资源就不存在了。

曾经，很多人认为做电商资源掌握在自己手中，其实也不然，资源掌握在电商平台手中。客户只会记得你所在的平台，下次购买时能记着去你的店铺看一眼已经算不错了，但客户会持续去平台买，而不一定是你的店铺。

而通过社交新零售创业，客户是实实在在掌握在自己手中的，一部手机、一个微信号、一个短视频号就可以锁定顾客，客户随时随地都在你身边。

资源掌握在自己手上，这是很多人愿意通过社交新零售创业的一个重要原因。

12. 创业成功率比较

开公司，创业成功率仅有 3%；开门店，很多人会因为房租而无法坚守；通过手机进行轻创业，成为当下的主流选择。

社交新零售的创业成本很低，99% 的品牌的门槛在 1000 元以内，入门之后就要看个人的努力了。低成本入门可以保证你的创业即使失败也不会有太大损失，之后还可再次重启。

"用社交营销渠道可以让宣传推广的效率提升 10 倍，让成本减少 90%，实现 100 倍的提升"，这是我每次在企业家论坛上都会跟企业家们讲的一句话。这句话也从侧面说明，通过社交新零售创业，成功率被放大了百倍。

13. 趋势倒逼现实

社交新零售有未来吗？之前的五年，已经向我们证明了这条路的正确性，先知先觉先行动的人已经用结果证明了这个选择的正确性。但是仍有很多人会这样想：那是当年他们运气好，现在已经不好做啦，未来到底会是什么样子谁都说不清楚。

对此我只想说，观望者会有 1000 个观望的理由，收获者只有行动。不论你动不动，未来已来。接下来我们看看未来的五年吧。

科技现在已经不能用"进步"两个字来描述了，只能用"颠覆"来形容。互联网已经颠覆了所有的行业，而人工智能，已经不能用颠覆去形容了，在过去的五年，人工智能已经默默取代了很多工作岗位。

这也是为什么越来越多的人选择了创业。看似很残酷，每一次科技的进步在消灭一些工作机会的同时，也会催生新的机会，而且其中更多的是创业机会。

关于通过移动互联网创业的几个关键词：

❑ 选择：认准移动互联网创业大趋势，找到具有强大信任背书的品牌与团队，可以让创业之路更顺畅。

❑ 屏蔽：微信好友屏蔽的不是产品而是个人。当对方开始关注你的朋友圈时，就说明他开始在你身上花时间了，这个时候，事情就变得严肃起来，你要思考如何让他在你身上花的时间产生价值，而不是仅展示毫无人情味的广告。

❑ 接受：微友能够接受的是信任，通过对产品的体验和客户的见证可以让他产生信任。朋友圈的文字、排版布局、每一张图片的选择和展示都关乎视觉审美，这是体验的一部分。另外，在你的朋友圈中能看到你的工作态度与人生观点吗？既然是做事业，能否看到你的全力以赴？

❑ 个人：线上的社交已经成为主流，你在线下一天能见到多少人？但是你注重线上的形象、言辞、身份与状态了吗？你注重线上的影响力了吗？你必须将打造个人的线上品牌当成人生的战略去重视。

1.5 社交新零售发展史

社交新零售，以"互动"引流，深度渗透互联网社交，借助各种社交能量，最终保留那些有价值的客源，然后通过商品、服务和社交与消费者形成朋友关系，与消费者实现共同成长。

回过头来看 2018 年出现的社群电商、社群团购、社交电商、直播带货等零售方式最后落地的关键点到底在哪里？最后落地的关键点都是营销和销售，最好的方式就是通过手机里的社交 App 把产品卖出去。这些与社交相关的探索都是从 2013 年兴起的微商创业开始的，当我们探讨社交软件的变现方式和盈利模式时发现，无一例外都在向微商学习。社交新零售的起源也是微商。下面我们就来看看，这种新兴的创业方式的成长过程。

1.5.1　商业变革线

20 世纪 80 年代，一大批拥抱变化、拥抱时代的创业者出现了，他们放弃了原有的固定工作，下海经商，有的开公司，有的摆地摊，有的开小店，这些勇于创新的创业者，让中国经济腾飞了 30 多年。这些人最早是开店、开公司的商人，我们称之为"店商"，即店里的商人。店商形态存在于中国已经几千年了。

随着时代的发展，传统零售的各项成本也在不断攀升。开店、开公司都需要租房和请人，大量的成本花在了房租和人工上，且成本越来越高，已占到毛利润的 60% 左右。

1999 年，马云将电子商务引入中国，电子商务彻底改变了中国的经济，甚至在 2012 年，因电子商务过于繁荣，对线下店铺冲击太大，导致大量开店的商人拉起横幅抵制电子商务。实际上，侵犯门店的并非电子商务，而是高额的人工费与房租。

电子商务节约了大量的房租，让创业成本低了许多，电商的创业成本仅是毛利润的 25%。正因如此，大量的网商不断蚕食线下门店的生意。这些网商也不是凭空出现的，大多是从那批先知先觉先行动的门店商人转型而来的。我们把这批电子商务时代的创业者称为"电商"。

但好景不长，随着大量创业者进入电商领域，竞争压力随之不断加大。有一则报道称：电商成本已经大于实体经济，其中人工占 11%、平台扣点占 5.5%、推广占 15%、快递占 12%、售后占 2%、水电和房租占 2%、税务占 8%，这其中还不包括产品成本，所以电商的各项成本已经远远大于 50%。

支付宝的一位产品设计师曾经说过："淘宝的 1000 万商家中，真正不赔钱的只有 5%，赚钱的只有 2%。比如，一家皇冠级女装店，总成本的 30% 是商品成本，30% 是营销成本，人员和办公等成本占 12%，看上去毛利有 20% 多，但是，如果要促销，成本会增加 10%，整体营销成本就会超过 40%。综合下来，产品的毛利率只有 5%～10%，如果再扣除物流等费用，基本是亏损的。"

电商亏损的一个很大的原因是：商家做了多年经营，却一个客户都没有沉淀下来。比如，我们要去淘宝买双鞋，会直接去搜索鞋子，买了之后根本就不记得是在哪家店买的，只会记得是在淘宝买的，这就导致淘宝卖家要不断买流量。而未来的每一个商家都需要经营自己的客户群体——这时，社交营销方式出现了！

2013 年，移动互联网开始普及，一批靠微信朋友圈发展起来的小商人出现了。他们把朋友圈当成店铺和橱窗，开始卖产品。这批创业者小打小闹，看似上不了台面，被称为微商。没有想到的是，微信这么一个小小的工具，却改变了商业的格局，大量的人开始加入微商行业。

2013 年到 2018 年，短短 5 年的时间，微商人数已经从 0 发展到超过 5000 万，市场营收总额已经突破 10 000 亿元。5 年历史的微商，已经和 19 年历史的电商、36 年历史的传统零售三分天下。

看到上面的数据我们不得不承认，商业在不断演变，从最早的实体店铺到电子商务，再到现在的移动电商，商业的入口和出口都更加便利。

最早的电商从最早的店商转型而来，成熟的微商从成熟的电商转型而来，稳健的微商都有实体和电商的基因。

社交新零售是店商、电商、微商不断进化的产物，其更注重品牌化、体系化、组织化、公司化，其将带动整个行业良性发展。

1.5.2 行业行动线

1. 2013 年，社交新零售起源，关键词：速度

俏十岁是微商的开山鼻祖。2013 年，一批具有敏锐商业嗅觉的女性发现了微信朋友圈中的商机，开始经营以化妆品、闲置物品、奢侈品为主要产品的朋友圈生意，开创了微信交易的买卖市场。大家自然而然地把这种经商方式称为微商。那个时候的微商是混乱的，没有正规的商业模式，没有安全的产品保障，只有"暴力"刷屏卖货。这种"野蛮"的销售方式，在当时褒贬不一，有人说影响了他人生活，有人却通过它过上了好生活。毕竟，微

信朋友圈只是一个工具，工具如何用或者如何去选择全凭个人的决断。

也正是那一年，"俏十岁"开启了"微商品牌"的先河，在没有榜样、没有借鉴的情况下，却得到了迅速发展。1年多的时间，以微商的形式销售10多亿盒面膜，加盟费1年时间内从几千元涨到几百万元，申请加盟者络绎不绝。2014年俏十岁宣布退出微商。

2. 2014年，社交新零售萌芽，关键词：品牌

（1）思埠，开启微商高质量发展新征程。广东思埠集团有限公司成立于2014年年初，2015年1月6日正式入股中国本土第一家在新三板上市的日化企业幸美股份，2016年3月转战平台化微商。思埠是中国微商界的"黄埔军校"，2014年后，大量的优秀微商团队长、微商品牌创始人都有在思埠学习与成长的经历。

（2）中国首个微商孵化器"真爱微电商园"开园。2014年5月1日，中国首个微商孵化器"真爱微电商园"开园，其致力于构建社交电商综合服务平台并提供解决方案。真爱微电商园构建了针对移动互联网商业生态的人才培训、渠道管理、策划推广、信息支持、后勤服务五大体系，通过各类大赛成功孵化了大量互联网人才、社交新零售导师，并清晰定位了园区创业孵化板块，形成了生态式园区管理服务模式，真正让电商产业园区跟随时代变化。

（3）中国首个公益励志类微商创业大赛举办。2014年9月22日由微谷中国主办了中国第一届微商创业大赛，启动了浙江、

山东、云南、广东、辽宁等8大赛区，落地8个线下微谷小镇，帮助数十万青年实现个体创业，唤醒了社会人群的社交新零售意识。微谷中国还上线了首个信息化系统，用来提升微商行业的效率并形成相关秩序。

（4）首个传统品牌韩束正式进军微商。2014年9月，首个传统品牌韩束正式进军微商，正式授权的经销商人数突破10万，最高峰月销售额突破4亿元，创造了8个月销售额达10亿元的神话，美容化妆品行业的超级品牌由此崛起。

（5）首个微商行业组织中国电子商会微商专委会成立。2014年12月，中国电子商会微商专委会成立，微商专委会（2019年4月11日正式更名为社交新零售专业委员会）秘书长冯凌凛曾表示："微商，不是简单地在微信朋友圈卖东西。作为传统商业渠道的补充，微商依托移动互联网的特殊优势，不论是在便捷性、及时性还是在运营成本控制上，都得到了极大提升。所以，我们一定要为微商正名。"

2014年，微商创业人群破1000万。

3. 2015年，社交新零售崛起，关键词：团队

（1）"首届世界微商大会"成功召开。2015年4月11日，首届世界微商大会成功召开，工信部、商务部、中央网信办、工商总局、海关总署、广电总局等相关领导出席，全国100个城市分管电商的相关领导、100个园区创始人参加大会。会上首次提出5个行业发展新理论。大会推动了中国在全球移动电商坐标上的新高度，为中国移动互联网产业的发展注入了新的活力，为中国互联网创新、创业的版图增添了新力量。原义乌市市长贺少军先

生为本次大会致辞。

（2）央视曝光"不法微商涉传销"。2015年5月24日，一条标题为《央视揭秘"微商传销"：通过朋友圈炫富发展下线》的新闻在各大社交平台传播，通过发展下线揽财的模式被晒在了阳光之下。大量自媒本人宣称"微商已死"，行业受到巨大影响，小微创业者前途渺茫。微商行业经历了断崖式下滑。

（3）《关于促进我国微商健康发展的建议》发布。2015年6月25日，受中国电子商会微商专委会邀请，微谷中国参与起草了《关于促进我国微商健康发展的建议》，并由商会提交到国务院等相关国家主管部委。

（4）《无店铺零售业经营管理办法（试行）》座谈会召开。2015年7月16日，中国电子商会微商专委会受商务部市场秩序司邀请参与该座谈会，为行业政策建言献策。微谷控股总裁、专委会秘书长冯凌凛，带领行业优秀微商从业者参与此次座谈会。

（5）微商行业的"奥运会"——横店万人微商盛典召开。2015年7月20日，微谷中国首次提出"超级个体"与"超级团队"概念，带领行业10 000个超级个体，300多个超级团队在横店会师，向行业展示了从业者的创意、创新与正能量。

（6）CCTV2正面报道微商，微商行业信心开始恢复。2015年8月25日，CCTV2财经频道首次正面报道微商，并将微商定义为"创业人员"。

（7）中国微商专委会受商务部委托召开微商调研会。2015年11月5日在北京钓鱼台国宾馆召开的中国电子商会微商专委会2015年度工作会议上，中国微商专委会提出了《2016—2020中国微商行业全景调研与发展战略报告》，即行业五年发展规划。

2015 年，微商从业者破 2000 万，受众多负面报道的影响，微商出现剧烈震荡，美妆类微商受到冲击，大健康、针织类微商崛起，传统大健康领军企业纷纷进入微商渠道。微商人也开始思考微商的未来，大批劣质的微商品牌、产品、团队被淘汰的同时，一批优秀的微商品牌、产品、团队开始崛起。

4. 2016 年，社交新零售发展，关键词：营销

（1）"第二届世界微商大会暨首届 411 移动电商购物节"举行。2016 年 4 月 11 日，"第二届世界微商大会暨首届 411 移动电商购物节"顺利召开，来自 8 个国家的微商代表团，涉及 7 大行业类目的 560 个团队、625 个品牌参加，中国工程院院士倪光南、格力集团董事长董明珠应邀出席。本次大会规范了微商行业的国际化发展，唤醒了传统制造业对社交新零售的新认知。大会也针对产品、供给侧改革、品类多样化、营销手段多样化等主题进行了深入分享与探讨。

（2）"1688 首届微商峰会"召开，阿里高调进入微商。2016 年 10 月 26 日，"为了好生意，更为好朋友——阿里巴巴 1688 首届微商峰会"在杭州正式拉开帷幕。阿里巴巴集团副总裁兼 1688 事业部总经理刘菲、阿里巴巴 1688 大市场负责人岑文初（放翁）、微供业务负责人竹霜及多位微商行业大咖携手来自全国各地的 400 多位优质供应商和 200 位微商代表齐聚一堂，共同探讨当下微商发展、品牌塑造、销售本质等难题，为微商生态建设出谋划策。

2016 年，微商行业从业者突破 3000 万，随着传统企业的进入，行业进入门槛提高，竞争加剧。

5. 2017 年，社交新零售规范，关键词：资本

（1）中国微商服务者大会布局构建微商超级生态。2017 年 1 月 5 日，"中国微商服务者大会暨 2017 年中国 100 强微商操盘手年度盛典"在北京饭店金色大厅举行，中国前 100 强微商操盘手、1000 名行业一线服务者共同出席，共话服务产业，谋 2017 经济增长新机遇。

（2）2017 年 4 月 11 日，"第三届世界微商大会"开幕，大会以"开放、融创、生态"为主题，希望切实推进移动互联网合作开放的程度，以推动中国实体经济与互联网深度融合为工作路径，以实现移动互联网生态健康发展为目的，希望能积极拉动内需、提升消费品质、改善企业效益、创造投资价值，为广大移动互联网创业者营造一个规范有序、稳定增长、机会无限的市场环境。

（3）2017 年微商从业者突破 4000 万，囤货模式向动销模式转换，暴富模式向赚钱模式转换，团队数量向团队质量转换。

❑ 营销创新突破：直播互动、小视频营销、小沙龙招商。

❑ 流量入口：去中心化流量，区域性流量洼地价值显现，中西部流量效应显现。

❑ 关注点：中小代理的生存与发展。

❑ 行动指导：产品升级、品牌升级、模式创新、营销创新、重视线下互动、关注中西部市场、以点带面（根据经销商分布深耕区域市场，建立品牌根据地的同时放眼全国市场和全球市场。根据自身情况布局全球市场，时机成熟可进入马来西亚、印度等新兴市场试水）。

❑ 生态链思维：更多借助业内最优秀的服务者，建立品牌
　　的上下游服务链，建立品牌运营生态。

6. 2018 年，社交新零售瓶颈，关键词：合规

（1）2018 年 1 月 16 日，"燃动中国暨蒙牛创新赋能中国乳业大健康创新论坛"在人民日报社数字发布厅举行。2018 年 1 月 22 日于北京，慢燃新品发布会召开。2018 年 1 月 24 日，蒙牛官方微博和官方微信公布蒙牛慢燃正式投产。

（2）国美涉足社交电商。2018 年 2 月，国美美店发起百万店主招募并启动"双亿激励"计划，截至 2019 年年底，国美美店在半年时间里实现了 GMV 超过 20 亿元，累计服务用户超过 190 万，为 42 万的美店主带来了超过 2 亿元的收入。

（3）"全球创业者大会暨第四届世界微商大会"于 2018 年 4 月 11 日在义乌召开，主题为"赋能、创新、创业"。《焦点访谈》主持人董倩作为本次大会特约主持人与全球创客对话。

（4）娃哈哈以"小蓝帽"强势进军社交零售。2018 年 6 月 1 日，娃哈哈集团联手中南卡通天眼，在人民日报大楼召开"中国校园健康行动护眼亮眼工程捐赠仪式暨娃哈哈进军社交零售新闻发布会"。宗庆后表示："天眼晶睛是娃哈哈与中南卡通天眼 IP 合作的产物，通过粉丝强关系来创新销售模式。祝愿娃哈哈天眼晶睛在创新的模式上取得巨大成功。"

（5）社交电商拼多多上市。2018 年 7 月 26 日，拼多多作为电商升级的产物——社交电商的代表，正式进入美国资本市场，每股发行价 19 美元，市值达到 240 亿美元。拼多多 2018 年的营收为 131.2 亿人民币。此后，更多的电商平台开始涉足社交领

域，以平台为支撑，以社群与朋友圈为推广渠道，用社交营销方式开辟新的营销渠道。

（6）电子商务法正式通过，并于 2019 年 1 月 1 日起施行。8 月 31 日晚间，中国人大网发布《中华人民共和国电子商务法》全文，该法规定：微商、直播销售等列入电商范畴；淘宝个体卖家等需进行市场主体登记；"刷好评"行为为禁止行为；网络搭售商品不得设置为默认；快递不能无限延期。

7. 2019 年，社交新零售市场认同期，关键词：争夺市场

（1）2019 年，小红书、小米、淘宝、京东纷纷开通社交电商渠道。"分享赚钱自用省钱"成为大量社交电商的宣传口号。2019 年 8 月 CCTV《第 1 财经》报道称："社交新零售将成为2019 年商业模式主流"。

（2）"第 5 届全球创业者大会"召开。大会以"新社交、新渠道、新零售"为主题。1600 个企业代表团、上百家上市公司代表、多个相关政府部门的负责人、国内外电商精英、创业新秀以及专家学者展开高峰对话。

大会围绕社交场景下的微商科技创新、微商个体创业、网红 IP、短视频运营、社交电商平台运维等诸多热点话题，及传统企业转型互联网、社交电商的未来、企业如何抓住机遇等大家关注的问题进行了分享和探讨，其中蒙牛集团、东阿阿胶、快手短视频、抖音、淘宝直播、脉宝云、娃哈哈集团等多家知名企业与行业领袖分享了各自的经验。

与此同时，三草两木、麦吉利、细莫食品、歌瑞森、娅茜优艾、艾优控股等大量品牌都因为社交红利完成了线上、线下的布

局。将线上的社群、小程序、公众号、APP、电商平台等社交渠道，线下的各大商业区、机场、免税店等实体渠道完美结合，形成全渠道的品牌战略布局。

　　移动互联网创业时代，社交新零售已成为时代的宠儿，相关的思维和方法每个人都必须了解和学习，社交新零售是不容错过的。

第2章 | CHAPTER2

社交新零售方法论

在移动互联网创业时代，我们把很多优秀的、合法合规的、销售过亿元甚至十亿元的品牌称为"超级品牌"。超级品牌只有经历了起盘、增盘、巩盘才算完整，但很多品牌连起盘都没完成就失败了，也有很多品牌在增盘的过程中崩盘了。究其原因，或许是品牌只关注了产品和模式，却忽略了"超级品牌是由无数超级个体来推动的"这一事实。千千万万的超级个体在开始时是什么都不懂的，他们或许是一个宝妈，或许是一个大学生，都是普通人。但是他们在梦想的推动下，通过不断提升自己的能力完成了从0到1的起步；学会了通过手机卖货，完成了从1到100的摸索；学会了招募合伙人，实现了从100到1000的爬坡；学会了带团队，实现了从1000到10000的登顶。他们强大了自己，活化了团队，成就了企业。

2.1 要改变打法，先改变思维

很多企业家一方面固守传统思维，一方面又盲目进军社交营销渠道，结果是耗费了大量的精力和金钱，却没有找到可行性方案。他们失败的原因是忽略了社交新零售时代的运营思维，这种思维和传统思维是完全不一样的。传统的运营方式是：先生产产品，再做市场；先做好零售，再去批发；公司员工多，能独当一面的少；先做好了样板经营，再去融资。

而社交新零售却恰恰相反：先用势能造好市场，得到资金后再生产；先做好经销商制度，招募到经销商后再教他们做零售和批发；大量招募创业合伙人，合伙人机制让人人都能主动贡献自己的力量；公司内部只有少量必要的岗位，基本没有销售岗位；先通过项目融资，再开始配套经营。

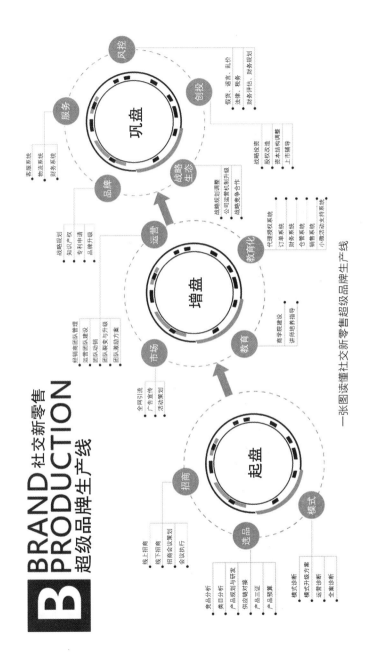

一张图读懂社交新零售超级品牌生产线

一张图读懂超级个体生产线

社交零售服务平台

PERSONAL PRODUCTION LINE

超级个体生产线

超级个体生产线

01 0~1（起步）
心态：趋势 动力 感恩
产品：品牌 知识 案例
技巧：零售 形象 工具

02 1~100（摸索）
引流：线上 线下
动销：朋友圈 微信群 线下
服务：客户服务 团队服务 服务

03 100~1000（爬坡）
自明星：使命 故事 形象
培训：课程 激励 成交
造势：借景 造景

04 1000~10000（登顶）
复制：标杆 讲师 能力提升
系统：运营 商学院 全年节表
裂变：内训 招商 沙龙

超级个体
生产线

为什么会有如此大的差异？因为企业的关注点更多在产品上，而社交新零售的关注点更多在人身上。关注点不同，思路和打法自然不一样。

渠道变了，思维必须跟着变。本书后面会有专门章节为大家详细讲解社交新零售思维模式。

传统运营		社交新零售	
先生产	再市场	先市场	再生产
先零售	再批发	先批发	再零售
多员工	少核心	合伙人	减员工
先经营	再融资	先融资	再经营

2.2　要动手经营，先了解体系

社交新零售品牌在运营的过程中最重要却又是最容易被忽略的是组织文化。聚合一群人共同做事业，不能是一次买卖，要对信任自己的人承担一份责任，所以，要从经销商的角度、客户的角度、员工的角度以及社会的角度来打造企业的价值观、愿景与使命，有时这三者可以合为一体。

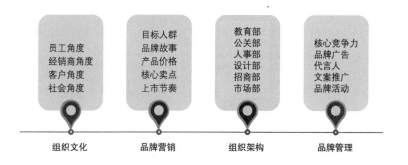

品牌营销需要做好目标人群的定位，并不是产品适合所有人就可以面向所有人进行销售，它一定有一个最适合的群体，对这个群体进行深挖一定可以事半功倍。品牌需要故事才可以深入人心，老品牌一定有老故事，新品牌也一样可以讲出新故事。企业可以把打造品牌过程中真实发生的事情提炼成故事用于营销。用故事营销才符合人性。品牌营销还包括对核心卖点的提炼、对产品详情的展现和对新品上市节奏的把握等。

对于组织架构体系来说，并非一开始就要追求体系完整和部门齐全，企业应该在不同的阶段完善不同的岗位。但品牌应拥有长远的眼光，提前预知未来需要哪些岗位，在合适的时间找合适的人。

很多企业看到社交新零售品牌风生水起，也希望自己能开通这个渠道。他们大多数人的认知是，我有好的产品，只要找到一批微商帮我卖就行了。但是，现实却总是不如人意，常见的情况是几个创始人在一起，丈二和尚摸不着头脑，不知道该怎么开始。对此类情况，创始人们应问自己几个问题：我做过市场调查吗？我的产品适合在社交网络上卖吗？对于最早期的体验阶段的用户，我的产品是送给他们的，还是卖给他们的？若是送的，我得到的反馈是人情反馈吗？我的产品做过陌生市场调查吗？我找到了合适的购买人群吗？我做过经营人群分析吗？产品的效果和包装能自传播吗？

为什么要问上面这些问题呢？曾经某制药企业拿着他们的十几种拳头产品来找我："东遥老师，这是我们企业最好的产品系列，在各大药店销售很好。我们希望能够让它们在社交新零售渠道也有好的表现。"我看了后说："全部要进行升级改造。因为旧的包装只适合旧的渠道，要打开新渠道必须要满足新渠道的要求。除此之外，价格也需要重新考虑。"

要升级社交新零售渠道，公司原有的设计师的视角也需要升级。之前的设计大多是给线下经销商和顾客看的，且介质以纸制的居多。针对新零售的设计是给陌生人和粉丝看的，要更注重如何快速抓住他们的眼球。文案策划，之前是写说明书的方式，现在要改成销售信的方式。这些也都需要在新的组织体系中体现。

渠道变了，体系也要变。本书后面也有专门章节为大家讲解社交新零售运营体系。

2.3　要项目赢利，先设计模式

赚钱是经营公司的目的之一，但是亏损、负债、破产、倒闭的品牌和企业在社交新零售领域也有很多。很多品牌经营了一年，甚至半年就被搁置了。有些品牌看似运营得很好，收了不少钱，但真正盘点和结算时，却发现不仅没赚到钱，反而亏损严重。

作为企业，要开拓社交新零售渠道，就要为自己画一张社交新零售蓝图，即从战略上去思考：我要做多大？我怎么做？我的目标是什么？我要如何搭建团队？我要用多长时间完成这个目标？如果这些问题都没解决，就说明企业暂时不具备进入社交新零售领域的条件，此时切不可盲目进入。

有一次，一个品牌找到我，让我帮他们看看他们的运营模式，并且与我畅聊他们的梦想与规划。我看了他们的模式后问："你们设计了四个不同的经销商等级，每个级别的经销商有什么不同的权益？"他们说："不同级别的经销商，价格不同，分别有 10 万级别、6 万级别、3 万级别和 1 万级别。"我接着问："你考虑过价格以外的区别吗？别人为什么一定要跟你做？1 万级别的经销商凭什么要升级成 3 万、6 万和 10 万级别的？10 万级别的经销商又凭什么帮助 1 万级别的经销商？社交裂变中，顾客推荐是否有奖励？如果有，我做顾客就可以了，为什么一定要做经销商呢？"如果模式仅在价格上不同，这就不是社交新零售，仅是一个打着社交新零售幌子的批发商而已。

关于模式设计有三个重点——加入门槛、成长机制和顶层设计，其中顶层模式是设计重点。

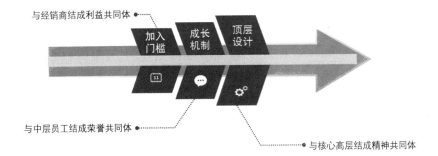

2.4 要大刀阔斧，先明确打法

每个企业都有自己独特的属性，如营销型的企业，靠品牌驱动，特别注重媒体与明星；如厂家、供应商，靠产品驱动，特别注重产品的价格、功效与售后服务细节；再如微商企业，他们注重与团队和代理共同成长。

上述就是社交新零售项目起盘的三个要素——品牌、产品、团队。企业要进军社交新零售，必须先确定自己从哪个角度突破是最快、最有效的。

项目经营过程可分为三个不同的阶段——起盘、增盘、巩盘。顾名思义，起盘是指项目已经确定了模式和运营中心；增盘是指项目已经招募到了第一批经销商，增盘是事业爬坡的阶段；巩盘指的是项目已经进入健康发展阶段，此时的重点是保证长期的事业安全，规避未来的风险。

如果在你的认知中没有这三个阶段，那就需要补课了。因为这说明你的企业缺少框架型的战略，仅以顺势思维走一步看一步，这种做法是得不到好结果的。企业应该了解未来不同阶段要做的事情。

比如，有些企业开启社交新零售渠道后，采用走一步看一步的方案，一开始利用自身的影响力和行业资源，通过招商会招募到一批高级经销商，这是典型的头部打法。但企业事后发现经销商只是进了货、囤了货，却对社交卖货一窍不通，货积压在经销商手中。于是企业出现"倒三角"的病态结构。

有的企业走得非常稳，从零售客户开始做，通过半年时间积累了数量庞大的零售顾客。虽然企业服务做得很好，但是顾客仅意识到产品好，只想自用，完全没有经营的意识，于是企业出现"地平线"的病态结构。

有的企业一开始招募了大量的顶层经销商，这些经销商也会做零售，他们都拥有许多零售顾客，但他们不会发展代理，于是企业出现"空中躯"的病态结构。

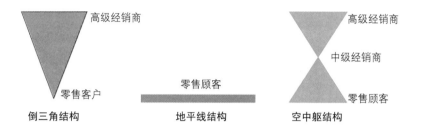

我们一定要把企业做成"正三角"的结构，即零售顾客数量是最多的，在基础层；中级经销商是来做产品销售的，在中间层；高级经销商是来招募分经销商的，也就是用来建立经销商团队的，在顶层。

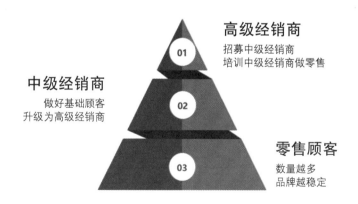

所以在起盘、增盘、巩盘三个阶段，都应该有相应的打法。

2.5　要事业长青，先合法合规

2019 年 1 月 1 日，《电子商务法》正式施行，有两大品牌随之轰然倒塌，其中一个用三年时间做到 30 多亿元，另一个则号称年入百亿。的确，通过社交营销，利用口口相传，肯定会有不法分子利用社交属性做传销。当然，也有品牌方和创始人因不懂法务或税务，不自觉地踩到法律的红线。当法律来敲门时一切都晚了。在这里要告诫千千万万社交新零售从业者，在选择品牌或创业时，不能盲目跟风，利欲熏心，一定要考查企业的相关资质、行业背景、创始人经历等。

在行业的小圈子里曾经流传着这样一句话："社交新零售行业中可能存在的最悲惨的事情不是乱价，不是假货，不是造谣，而是当经销商还在跟顾客鼓吹品牌和产品如何好的时候，当总经销还在为下属经销商激发梦想的时候，企业已经因违法被查处了。"

关于合法合规，以及在经营中会遇见的风险，我们会在本书后面详细讲解。

2.6　要立竿见影，先学会招商

当运营系统搭建完成，模式设计合理，打法确定，风控也做好后，接下来最重要的就是招商了。

一场好的招商会需要做很多准备工作，如整理产品卖点，通过五力模型再次明确这些卖点（品牌力——跟谁干，产品力——干什么，模式力——怎么分，营销力——怎么干，明星力——谁干成了。通过五力模型可以打造出一套非常具有说服力的招商演讲逻辑），还要配备大量的数据包（如电子版手册、宣传海报等，这些物料将会用在线上、线下大量经销商团队自行组织招商会的过程中）。

招商会也分为三种形式：内部与外部的结合、线上与线下的结合、大会与小会的结合。

关于如何策划一场成功的招商会、数据包如何规划与制作、招商会现场会务如何执行等相关内容，后面会为大家详细讲解。

2.7　要团队稳定，必重视教育

要做好社交新零售，教育必须先行。社交渠道汇集了五湖四海的经销商，这会导致经销商很难管理，所以统一大家的价值观，建立一套教育体系非常重要。一套完善的教育体系必须要具备完整性、阶段性、可操作性、可证明性、可复制性这五大特性，同时它还应可以帮助我们解决教的问题，可以成为一套企业培训的体系，可以提升经销商的信心，可以留住优秀的经销商，也可以让经销商们把更多的时间花在业绩上。

社交新零售企业要做好教育体系，需要有一支专业化的辅导团队，团队可以组织大家确定目标、检视目标、统一价值观及到线下辅导大家成长。

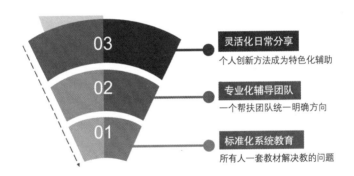

日常灵活化的分享体系也需要建立起来，这样可以让经销商们自行分享自己的产品和故事。当所有经销商一起学"一套系统"，一起用"一套系统"，一起教"一套系统"，并教会"一套系统"的时候，团队经营将变得非常简单。本书最后一章将详细讲解社交新零售的教育系统。

社交新零售 7 大运营思维

很多企业家用传统思维进军社交营销渠道，尽管耗费了大量的精力和金钱，却并没有找到可行的方案，因为新零售时代的运营思维和传统思维完全不一样。本章与大家分享社交新零售 7 大运营思维。

3.1 "势"场节奏思维

社交红利决定了新的营销模式，其中很重要的一个字是"势"。我们用一个大家都能够理解的小案例来印证"势"的商业价值。

房地产公司的工作流程如下。

拍下一片商业用地后，公司做的第一件事情是规划，得到商圈效果图、住宅效果图，然后将这些效果图做成围挡上的喷图，并用围挡把要施工的土地围起来，让所有经过的人都可以看到这里未来的样子。

接着开始进行基础建设，做出样板房，在报纸、广播电台、电视台、网络端等媒体上发布预售的信息，开始接待看房团。

随后统一邀约各路看房的顾客一起来现场看房。第一次人很多，媒体报道跟上，通过摄影、摄像为后期宣传备好素材，开展各种抽奖活动来活跃气氛，开始预售。

之后，在各路媒体大量曝光，吸引更多的顾客来现场看房。导购大多会讲之前的火爆销售场景和当前的房源情况。很多顾客会因"稀缺性"而购买。一些顾客甚至会在和朋友们聊天时主动推荐此房源，于是有了很多转介绍。

不难发现，上述营销过程中涉及的每一个节点都是精心设计的，最终形成一种节奏，而节奏背后的推动力就是势能的叠加，所有成功的商业关注点都是势能叠加的产物。而在社交新零售领域，社交工具可以把势能放得更大，同时节奏也变得更快了。

势能是社交新零售领域最厉害的武器，势能也是领导者最好的朋友。

即使有激情、有方法、有目标，若没有势能，也不会成功！成功与失败的最大差别就是有没有势能！

1. 势能是放大器

聪明的领导者都是操控势能的高手。如在篮球比赛场上，一方连续得分，这一方的观众和球员就会在脑海里想象胜利的画面，士气也会大增。而作为优秀的领导，失利方的教练会立刻叫暂停，目的就是控制势能。失利方的啦啦队此时会更大声地高呼口号，目的也是增加己方的势能。

2. 势能可以美化领导者

领导者有了势能，就会在人们心中树立高大的形象。这种高大的形象不仅会放大领导者的优点，还会掩盖其缺点，甚至会让人们刻意忘记其曾犯过的错误，让其成为一个"真正完美"的人。领导者当然不是完美的，但势能改变了人们对领导者的看法。所有人都喜欢追随或模仿领导者，这会进一步放大领导者的势能。反之，领导者就会得不到下属的支持和信任。

3. 势能可以帮助下属表现得更好

当一个组织里有了出色的拥有势能的领导时，成员们的潜力就会被激发，从而超水平发挥。同理，当一个组织产生了巨大的势能时，所有的参与者都会干劲十足。我们经常会听到这样的事情：某个领导者（特别是中层的）在某个势能强大的组织里业绩非凡，获得了成功。但当他离开这个组织后，却变得很平庸。这其实就是"势能法则"在起作用。在一个具有势能的组织里，即使普通人也能超水平发挥。

4. 掌握趋势的方向和势能的顺序

所有人都是随波逐流的，顺势而为省时省力省心省钱。传统的创业方式的节奏是：先准备就绪，再启动营销，之后努力推广，推广无力后再重新思考营销。这其实是逆势而为的工作方式，若是将这种工作方式应用在社交新零售领域，最终一定损失惨重。

在社交新零售领域，要遵从"顺势、借势、造势、起事"的创业顺序。首先应顺势而为，也就是顺应社交新零售这一必然趋势，按其游戏规则创业。然后以借人（如明星、名人）、借景（旅行、会议现场）、借物（各种可被自动传播的物料）等手段进行借势。之后再造势，把影像、照片通过各大社交媒体展示出去，如在朋友圈、短视频 APP、网站甚至社群中大量曝光。通过以上动作，创业者会自动获得市场关注，顾客会主动找过来咨询，事业自然就做成了。

5. 势能是带来改变最有力的因素

组织如果有了足够的势能，就能带动事情向好的方向改变。因为有势能的组织中肯定有势能充足的领导者，他们在他人眼中是积极向上者，是成功者，下属都愿意信任这样的领导者，乐意向他们看齐并主动改变自己，只要这些改变是由曾经获得成功的领导者倡导的。一个组织中所有人都有意愿向好的方向改变，这个组织就不可能不成功。

6. 创造势能是领导者的责任

领导者在创造势能方面具有特殊的优势，而势能一旦产生，追随者就能让其持续发展壮大，从而使组织中的每一个人都能分享它所带来的益处。但创造势能并不是所有领导都能做到的，这需要一个有思想、能组织优秀团队并激发他人的领导者来完成。如果领导者还要寻求他人来激发自己，或者等着组织自己产生势能，那么这个组织的情况就不妙了。创造势能并让它不断发展强大是领导者的责任。

7. 势能由领导者自身产生

如果领导者每天都向下属展现自己的激情，那么他就会把志同道合的人吸引到自己的团队、部门或组织里，而且会激励他们取得成功，从而为自己带来更大势能。如果你已经开始这么做了，那就说明你已经开始创造势能了。有了势能之后，领导者就会更容易达成目标，这就是"势能法则"。不要等待势能自己出现，也不要认为势能可以来自外部，一个组织的势能必然由内部的领导者创造，而领导者自身的势能必然来自自己的主动创造和有意识的推动。

社交新零售是势能叠加与聚变的产物。社交新零售的企业领导者，必须重视"势能"。"势"场节奏思维，是项目成败的关键。

3.2　复制裂变思维

我有一个学生，是针织行业某知名品牌的负责人。他们公司常年在央视投放广告，也请了知名明星代言，苦心经营 12 年后，拥有了占地 2000 亩的厂房、2000 多名员工、20 000 多个代理商。但是，他们现在的主要竞争对手根本没有工厂，仅通过代工的方式生产，只用了 1 年的时间，在只有 40 个正式员工的条件下，就利用社交营销渠道招募到 10 多万个代理商，年营收已经超越了他们。我的这个学生不明白这是怎么发生的，自己又该如何应对。要讲明白这个问题，就不得不说一说团队的复制与裂变。

3.2.1　一个故事

如何复制？如何裂变？我用一个故事帮助大家打开复制与

裂变的思维大门。

从前，有一个国王，他非常喜欢下国际象棋，经常找身边的大臣陪他下棋，每一次这个国王都大获全胜。有一天，这个国王突发奇想，对他身边的一个大臣说："如果今天你能够赢我这盘棋，我将会给你丰厚的奖励，随便你想要什么，我都会满足你。"

其实每次大臣都输给国王，不是因为棋艺不高，而是担心国王输了棋龙颜大怒，自己吃不了兜着走。今天有了国王这句话，大臣也来劲了："国王陛下，此话当真？"国王道："君无戏言！"于是大臣这次可是玩真的了，很快这盘棋就以国王的失败而告终。

国王还真的一言九鼎，问这个大臣："说吧，你想要什么？"大臣说："我要的东西其实很简单。陛下，在我们面前的这个棋盘上有 64 个格子，我只需要陛下您在这个棋盘的每一个格子里放上一些大米。具体方法是这样的：在第一个格子里放一颗大米，在第二个格子里放两颗大米，在第三个格子里放四颗大米，以此类推，帮我放满这一张棋盘，我就心满意足了。"

国王一听非常开心，"你的要求不高嘛。传粮食大臣，把他要的这些大米给他拿过来。"等粮食大臣过来一看，傻眼了，因为按照这种方法一计算，一个我们无法想象的天文数字出现了。要把这张棋盘填满，即使把当时整个国家粮库里面的大米全部拿出来也不够。

这就是几何倍增的威力。社会化营销的运作模式便巧妙地借用了这个原理。从业者使用产品后认为很好，便会向朋友推荐，当被推荐的朋友也觉得不错时，他会继续向他的朋友推荐。假若每个人都可影响一个人，这情形岂不是和故事中一样了？而现实中又怎么会只影响一个人？

假如一个人第 1 个月自己销售了 1000 元的产品，同时教会 1 个朋友一起来做。第 2 个月便是两个人按同样的方法在做，这样可以每人销售 1000 元的产品，同时每人教会 1 个人。第 3 个月便是 4 个人在销售，第 4 个月是 8 个人在销售，第 5 个月是 16 个人在销售……这样成倍增长下去，到第 12 个月，总共是 2048 个人在销售，如果按每人每月销售 1000 元计算，第 12 个月当月总的销售额是 204.8 万元！尽管这是理论值，但通过这个例子可以帮大家理解倍增的原理。社交营销口碑裂变背后的本质就是从业者一边自己使用产品，一边销售产品，一边教更多的从业者使用和销售产品，依靠团队而不是仅靠个人的力量来开拓市场。

这就是复制与裂变。用在企业组织和架构上是一样的原理：把精英员工培育成为储备干部，再让他们变成干部，之后由他们培育更多的精英员工。

3.2.2　复制裂变模式的优势

复制裂变模式好处还有很多。

1. 复制会减少试错成本

经验是从业者最好的老师，最好的经验大多来自成功者。善于从管理者那里得到经验，是最好的成长方式。

2. 复制可以帮到更多人

当你成为有经验的人，也需要提供一套模式给后来者学习、复制，这样就能在较短时间内将成功的经验分享给别人，从而帮助更多的人。

3. 复制可以确保成员有良好的工作心态

表面上的学习只能保证业绩，而深入的复制能保证更重要的"质"。复制裂变能带来成功，社交新零售的团队大军正是因此崛起的。

移动互联网技术提供了高速复制的可能，人际关系、信息、模式等资源，可以通过人手一部的手机，在数量庞大的人口基础上不断复制，无限拓展你的商业运作范围。这就是为什么有的人仅凭一条裙子、一套口红就能获得不菲的利润，这也是为什么原本默默无名者，却能够在社交新零售领域创造出创业传奇。

在社交新零售中，不要想着当孤胆英雄，也不要想着凭一己之力获得成功。只有通过复制裂变，得到千万名同心同德的盟友帮助，大家共同奋斗，才会成功。

3.2.3　执行落地

复制裂变是一把双刃剑，在执行复制裂变的过程中，创业者心态很重要，尽管梦想会很大，但不可急功近利让自己迷失。创业者激情很重要，但理性创业更重要。

要想得到好的结果，就应该设定具体且合适的目标。只有定下目标，梦想才能具体化，才能让复制裂变得以实现。具体做法包括制定近期目标、制定远期目标并自我暗示，让业绩不断向目标推进。

复制裂变的执行，要求你必须具备强烈的成功欲望、必胜的信心、强大的智力和完备的策划方案，而这些都需要坚定的毅力。要想获得这种毅力，需要做到以下几点。

（1）在强烈的欲望驱使下拥有明确的目标。

（2）不断用行动表明明确的计划。

（3）不要受消极懈怠思想的影响，即便思想来自亲朋好友。

（4）结交一个或几个能鼓励你依照计划和目标行事的人。

（5）必须符合国家政策，符合公司政策，跟着团队运作，接受上级领导的指导，注重与伙伴同事的合作。

3.3 以人为本思维

人性化运营思维是社交新零售中的高端内容，标志着商业文化的觉醒，是商业发展进程中的必然产物。我们必须重视运营每个客户，将他们看作自己的朋友；必须重视运营每个代理商，将他们看作活生生的"人"，而并非机器工业时代的"资源"。

事实上，通过先进的信息技术，社交可以激活人性中美好的一面，让人与人能相互关联和依托，并由此构成一个商业系统。然而，不少企业并未意识到"人"的重要性，结果是仅把社交新零售当成新商业的概念。他们用这个概念吸引了很多新的关注，拥有了一批种子代理商，然后却无法复制传承下去，使得企业经营遇到瓶颈。与其说这是社交新零售，不如说这是披了一个朦胧的概念做的一次招商会。

当然，也有许多团队真正抓住了社交新零售"人口"的红利，他们快速建立了代理商团队，团队人数多达数千甚至上万，再加上或"大气"或"美丽"的团队名称，让外人感觉这支团队很厉害。但他们又不得不面对现实的苦恼：很多客户咨询了很久，但最终还是不下单或不愿意做代理商；很多"新人"加入团队时雄心壮志，但很快便毫无斗志了；成熟的代理商明明还有充足的潜力，但担心卖不掉货而不敢囤货，只能用"再考虑考虑"等理由应付；优秀的代理商却总想着如何独立出去，哪怕没有更好的项目……

这些问题看似出在团队管理方法上，其实根源在于社交新零售团队没有真正实行人性化运营。要想进行人性化运营，企业就要强调为每个人提供优质商品和创业机会，满足他们不同的需求，从动力和阻碍两个方面形成体系，并辅以严谨、全面的规划。

1. 动力

根据心理学的观点，人的任何行为都是由强大的内部力量驱动或激发的，这种力量首先来自每个人与生俱来的本能，以此解决个人和社会现实之间的冲突。因此，要想看到团队的强大运营能力，就要用"食"和"性"激活每个成员的潜在动力。

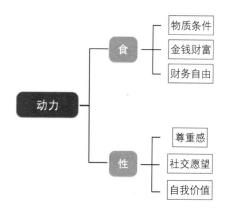

"食"的原意是指人类生存所需要的食物资源，这里则指获取生存方面资源的欲望。在现代社会，凡是为了得到更好的物质生活付出的努力，都属于"食"的本能。加入社交新零售的代理商有很多只是一个单纯的个体，其目的在于获得更高收入、拥有更多的财富，并期待能实现财务自由。团队管理者有必要结合每个人的特点，分析他们"食"的本能究竟有多强，之后才可根据不同人的情况帮助其制定发展规划。

比如刚毕业的学生，虽然已经有了一份工作，但由于缺少工作经验和社会资源，所获得的收入难以令其满意，再加上个人需要（如恋爱、购房、购车、结婚）和社会现实（经济转型、行业不景气）的矛盾，他们有着强烈的"食"的本能。社交新零售这件事看似普通，但只要充分利用这种动力，就能激发他们的热情。

除了"食"的本能，"性"的本能也能产生充足的动力。"食"

是满足物质需求的本能，"性"是满足精神层面需求的本能，其中包括尊重感、社交愿望、自我价值的实现等。

在"食"和"性"的基础上，更高明的运营则是"爱"的本能。

人类天生是懂得爱与被爱的群居类动物，每个人都有爱别人的本能，也有被爱的需要。这是社交新零售团队运营进入高级阶段之后的强大动力。运营"爱"的本能，团队成员会将社交新零售看作表达与铸造爱的渠道，而被爱的对象也从其自身、家人、亲友延伸到更多需要产品与服务的消费者。

2. 阻碍

当然，人性是有两面性的，运营人既要发挥人性的正面动力，又要克服负面阻碍。创业中最常见的两类运营阻碍是个体的懒惰和恐惧。

社交新零售型创业团队受本身特点的限制，难以形成传统企业组织具备的那种严密性、秩序性和日常性，许多新代理商容易疏于自我管理，而草草结束自己的创业之路。即便是小有所成的代理商，一旦没有了监督，也会因为懒惰而减缓工作节奏，甚至退出创业项目。

同样，恐惧也是社交系统运营的重要"敌人"。在团队中，产生恐惧的原因很多，其中最主要的来自人性中的"习得性无助"。

"习得性无助"是指一个人经历了失败和挫折之后，面对问题产生的回避、害怕和无能为力的心理状态与行为。例如，"新人"往往是由于缺乏足够的成功经历而选择社交渠道创业，从其加入团队的第一天开始，他们就非常害怕失败。即便是成熟的代理商，也可能在业绩下降时因为利益的受损而担忧、失望。

3.4　付出利他思维

社交新零售不仅能从消费和创业两个方面成就个体价值，还能使用付出利他的思维，打破客户和商家之间的天然界限。

在传统商业中，客户和销售者的区分过于死板，同一商品领域中，客户与销售者的立场几乎是对立的，即便采用口碑营销，客户也不可能直接参与销售。但在社交新零售体系中，情况发生了根本改变：今天的客户很可能就是明天的代理商，而代理商是社交新零售最大的客户。由此，个人角色在商业体系中不再受到限制，每个人都能根据自身条件和需要得到发展空间，实现无维切换。

社交新零售的从业者之间有情感的连接，他们因社交走到一起，因相信走到一起，因吸引力走到一起，因梦想走到一起，收获了合作伙伴人与心的跟随。在这个领域，对上级代理商有一个很有意思的称呼——"老大"，这个称呼看似很"山寨"或者很"草根"，但是很接地气。因为"老大"以人为本，这称呼说明上级代理对招募而来的代理商付出过自己的爱，"老大"是一种爱的表达。下面让我们来看看那些"小人物"是如何在社交新零售领域变成"大咖"的。

我曾问过一个学员，她为什么会成为别人的代理商。她说："我原本只是抱着试一试的心态参与了一次线下的学习。老大热情接待了我和其他参会人，之后还不顾疲倦，到卧室跟我们聊天。因为我的心态，加之我本就是个吊儿郎当的人，所以在中途我就去洗头了。洗完头后，我来到卧室擦头发，没想到老大看到后直接到卫生间里拿了一条干毛巾过来，帮我把头发一点点擦干。这件事情让我感受到老大对我的爱，我觉得遇到这么好的老大，能对我如此细心，且愿意为我付出，我跟着她一定能干好！"作为团队老大，他们有没有做什么特别伟大的事情？没有。人与人之间任何一次接触、任何一次付出，甚至可能只是不经意间的举动，都有可能让他人感动！

同样的问题我也问过另一位学员，她说："我就看我朋友圈里边那个女孩子天天在那'炫'，总是说她帮助了很多人，为客户提供了多好的服务。这引起了我的兴趣，于是花了 600 元钱买了她一套东西。我故意和她说我当天晚上就要用，就想着看她送不送，看她是否真的言行一致。我都想好了，只要她不送我立刻退款。没想到的是，都晚上 10 点半了，她竟然开着车直接把产品从城东头送到城西头，直接送到我家里。之后，我就成为她的高级代理了。"有时候你认为的理所应当的付出，给别人的感觉却是完全不一样的。

这些案例中，团队领导者为团队成员做的都是非常小的事情，但正是这些小事情，激发了团队成员的感恩之心。当领导者能够把这种感恩文化落实到自己的团队中时，团队何愁没有凝聚力？

你是什么样的人，就影响什么样的人。你想要你的团队伙伴拥有什么样的品质，你就必须得自己先有这种品质。你为大家做什么，大家就会学着做什么。所以，要让团队相互付出，自己就必须先是一个懂得付出的人。

3.5 感恩负责思维

感恩是态度，也是行动；负责任是承诺，也是收获。对社交新零售而言，感恩是事业前进道路上的明灯；对打造团队来说，负责任是团队强大的力量源泉。

从事社交新零售，首先要懂得感恩社会。新的创业模式的出现往往源自政府的鼓励、社会的进步、科技的发展，大环境的进步才让个人有了良好的发展与成长空间。

对社交营销渠道进行系统化运营，还要懂得将感恩精神体现在团队运作中，只有将感恩具体化，才能让个体和团队共同进步。

如何建立团队的感恩精神	
要学会欣赏、懂得欣赏	要懂得尊重
要保持宽容	要充分信任
要积极沟通	要认真负责
要提倡诚信	要热心帮助每个人
要树立全局观念	

下面详细介绍感恩思维。为了简便，我们约定下文中的"渠道"指社交新零售的社交营销渠道，"企业"指本部运营方。

1. 要学会欣赏、懂得欣赏

团队内成员间配合默契度是决定团队效率的因素之一。而要想实现高默契度，团队成员就要相互欣赏。

企业要带动团队充分利用渠道优势，更要进行理性管理向感性管理的升级。

2. 要懂得尊重

尊重没有高低之分、地位之差和资历之别。在团队运营中，所有人都应做到平等待人、有礼有节，既要保持自我个性，又要尊重他人，这才能营造和谐融洽的感恩气氛，使团队资源得到最大限度的共享。

社交新零售团队如果没有尊重，就会陷入无人加入的困境，就算有人加入，不久也会离开，甚至导致渠道变质。

3. 要保持宽容

正如雨果所说："世界上最宽阔的是海洋，比海洋更宽阔的是天空，比天空更宽阔的是人的胸怀。"团队要积极提倡宽容。保持宽容，才能消除团队成员间的陌生感，使团队成员互敬互爱、彼此包容、和谐相处，从而安心工作，并体会到合作的乐趣。

4. 要充分信任

团队成员要相互感恩，需要先建立相互间的信任关系。信任是合作的基础，没有信任，就没有合作。信任是一种激励，更是发自心底的感恩力量。

企业对待团队也要充分信任，只有百分百的信任才会有足够的势能推动事情向理想状态发展。信任其实是一种能力。

5. 要积极沟通

感恩团队中的每个人，少不了良好的沟通能力。在团队运营中，有意识地开发和保持成员间的沟通能力，是保持团队旺盛生命力的必要条件。个体想要在团队中做出贡献、为团队提供价值，沟通是最基本的前提。

企业与团队之间也需要积极沟通，社交新零售的渠道即团队，他们分布在全国各地的每一个角落，大会小会要常开，线上线下要并行。开会是保持信息通畅的最有效的工具。

6. 要充分负责

对团队感恩，意味着对团队负责，对每个成员负责。这需要团队成员积极面对风险、承担责任，随时改正错误、完善自身。将这样的负责精神落实到工作的每个细节，是对团队的有效回报。团队成员、团队创始人、品牌方都需要对自己负责、对团队负责、对品牌负责。

7. 要提倡诚信

诚信是做人的基本准则，也是做事的基本态度。团队的管理者，对团队成员的感恩不能只停留在口头上，而是要表现为充分的诚信，并将之在团队内普及，确保每个成员都能将之变成基本的价值理念。同样，企业对团队也要以诚相待，特别是在发展初期，此时团队对社交新零售还在探索过程中，很多机制并不完善，会时常变化，"朝令夕改"的事件或许会发生，但依旧要有诚信，承担相关的责任，并且尽快达成共识。

8. 要热心帮助每个人

感恩的价值在于对个体的关怀。无论对方是客户还是代理商，团队都应该努力帮助他们，解决他们的问题，实现他们的价值。每个人都能从团队中获得帮助并因之受益，感恩文化才能被发扬到最大，个体价值才能得到最大程度体现。

企业更应了解代理商需求，持续完善运营体系，热心帮助团队成长。

9. 要树立全局观念

对团队的感恩，意味着个体在一定程度上要做出牺牲。无论是管理者还是队员，个人行动都必须与团队的行动一致，每个人都要有整体意识、全局观念。在日常工作中，要优先考虑团队的需要，并不遗余力地为团队目标而努力。

当然，感恩思维不仅是心态，还应当表现在团队内部具体的关系中。首先是成员之间的关系。成员应该相互理解与体谅，对别人的工作积极支持，对别人的错误表现宽容，对别人的帮助心存感恩，这样才能消除不满，激发勇气和信心。

其次是企业与团队成员之间的关系。一方面，应该提倡团队成员对企业的感恩，成员必须认识到是企业给他们提供了自我展示的舞台，是企业为他们营造了自我发展的氛围。团队成员的感恩，就是要用业绩回报企业，为企业发展献自己的力量和才智。另一方面，企业管理层不应该忽视团队成员的成就，他们必须认识到成员的重要价值，要意识到正是由于每位成员的各自努力才能使企业、使团队正常运转、发展和进步。

3.6　企业运作思维

销售类工作常用"推销梦想"的方法发展营销体系，然而从客户转化来的代理商队伍不能仅仅依靠梦想来管理，还必须走向企业化。企业化运作思维是社交新零售组织化建设的产物，标志着企业自身文化的觉醒。

目前，国内各个品牌的社交新零售渠道宣布建立的企业化运营系统如雨后春笋，但其中大多数并不成熟。究其原因，在于**社交新零售渠道企业化运营系统普遍缺乏标准体系的文化建设，过多地依赖系统创始人的个人魅力和个人品牌，未能给团队成员注入鲜活的企业化运营灵魂**。受创始人时间、精力及理论水平的限制，企业化运营系统难以获得更大突破是必然的。其实，社交新零售渠道企业化运营系统的团队大多长期依附于企业，自身的文化没有充分觉醒，自然不能表现出鲜明的企业化运营特点。不少企业化运营系统仓促组建，没有形成标准的企业化运营模板，缺乏企业化运营的内涵，"企业化运营系统"徒有虚名。

那么，完整的企业化运营思维包括哪些内容呢？

完整的企业化运营思维，需要在核心领袖、中层干部、文化特征、可吸引度、稳定性、增长性等多方面深入挖掘，对企业化运营系统工具加以开发和利用，最终确定本企业运营系统的理念、使命、职责、价值观等。

此外，企业化运营思维毕竟不同于企业运营实践，它存在的核心基础是"企业化运营系统文化"。社交新零售企业化运营系统文化包含的内容较多，这些内容彼此关联、相互依托，是构建企业化运营系统必须面对的。

因此，社交新零售渠道的管理者必须下决心建设企业化运营系统文化，从系统文化的标准化建设入手。同时，他们还应意识到，系统文化应分阶段体现，才能逐步将企业化运营系统完善起来，构建并提升企业化运营思维的核心竞争力。

企业化运营思维应体现以下十大特点。

（1）企业化运营思维的目标是让团队成为最完备、最好的企业化运营系统。

（2）企业化运营思维应复制成功模式，保持咨询线的完整。

（3）企业化运营思维应强调团队中每个人的责任感和使命感。

（4）企业化运营思维应注重承诺，保证团队与个人之间的信任关系，并建立紧密的个人关系。

（5）企业化运营思维要提供最新、最丰富的咨询知识，启发和影响成员的思维方式与行为模式。

（6）企业化运营思维反对硬性推销，要永远考虑消费者的需求和利益。

（7）企业化运营思维应以人为本，注重培训，全面提升个人能力。

（8）企业化运管思维应包含美好的愿景。

（9）企业化运营思维应体现社交营销的专业化、集团化和产业化。

（10）企业化运营思维要主动帮助每个有意愿的人，建立积极向上、团结友爱的合作型团队。

社交营销渠道企业化运营思维的营造过程，就是企业化运营系统文化的标准化过程。

3.7 团队作战思维

3.7.1 运营团队规划

"道生一，一生二，二生三，三生万物"，社交新零售企业的成长与扩大同样遵循这条法则。只有为团队运营制定细致、严谨的规则，并遵守规则，才能让团队由 0 到 1 发生质变，进而拥有强大的力量。

首先优秀的管理者应该是整个团队规则的制定者。这个人有可能是厂家的管理者，也可能是总代理商。这是因为管理者必须拥有足够的资源才能建立起以自己为核心的团队，并打造运营规则。确定领导核心后，接下来由管理者明确团队的组成规则。

从整体上看，优秀的社交营销团队，除了需要能够主持大局的人之外，还至少需要 4 种职能团队的配合，这样才能体现有序、规范的特点。

1. 各级代理商团队

代理商的工作职责是承担产品销售任务、维护老客户关系、发展新客户和吸收新成员。通过代理商的有效工作，团队才能充满活力，并不断扩大。但要注意，由于日常工作的结果不同和能力的差别，代理商会在等级体系中流动，并分别以各自为核心形成新的分支团队，这是正常现象，不要过于担心。

2. 设计团队

大众的关注点基本都在视觉上，优秀的设计团队将会让势能打造事半功倍。设计团队承担的任务包括 3 个方面，如下图所示。

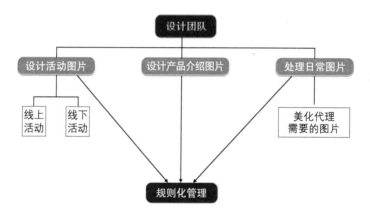

（1）**设计活动图片**。无论是线上活动还是线下活动，都需要设计出带有营销引爆点的图片。活动图片决定了团队效率，也决定了客户参与感的高低。

（2）**设计产品介绍图片**。产品介绍图片关系着由流量向粉丝转化的效率，尤其是在目前社交新零售渠道竞争激烈的情况下，更需要通过对设计团队的系统化运营，提高产品介绍图片的质量。

（3）**处理日常图片**。设计团队通过系统运营，确保快速处理各级代理商需要的图片，这也往往是留住下级代理商的关键之一。

通过对设计团队的规则化管理，还能做到整体协调，确保通过强大的图片处理能力吸引更多新的代理商加入。

3. 运营策划团队

运营策划团队是社交新零售中最重要的部分，其核心可以由团队管理者兼任，也可以由合作者担任，运营策划团队成员则覆盖了各级主要代理商。一般而言，招募代理商的速度和整个运营策划团队的运行规则关系紧密。运营策划团队的能力和职责包括4个方面，如下图所示。

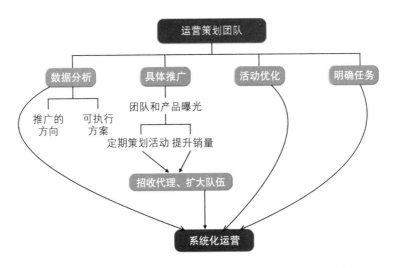

（1）**数据分析**。运营策划团队通过数据对市场加以研究、分析，寻找客户和代理商最集中的区域和方向，并确定推广方向，

策划出招收代理商的可执行方案。

（2）**具体推广**。运营策划团队通过推广品牌，不断曝光团队和产品，包括定期策划活动、提升销量，从而完成招收代理商、扩大队伍的指标。

（3）**活动优化**。运营策划团队通过积累各次活动数据的分析结果、共享推广活动的经验，对活动方案，包括文案和图片提出相应的要求，从而优化活动，使活动效果更佳，最终实现团队的扩大。

（4）**明确任务**。一个管理得当的运营策划团队还应懂得利用各种营销方式（如社区营销、主动营销、造势营销、口碑营销等）完成阶段性的目标，并将相应目标分配给不同的小团队和代理商。这样运营策划团队可以以任务结果为驱动，促进整个团队的业绩进步，从而实现企业的系统化运营。

4.客户服务团队

社交新零售少不了完整而高效的客户服务规则。客户服务工作并非可有可无，而是具有重要价值。客户服务团队的工作体现在以下几个方面。

（1）**售前接待**。客户服务团队需要负责直接和代理商接触、建立联系、推广产品和解释政策。客户服务团队应该做到充分熟悉产品性能和渠道管理规则，并有相对应的销售能力和经验。

（2）**售中维护**。客服成功和代理商建立联系之后，需要定期维护关系，并提供跟踪服务，提前解释情况、预防问题产生，跟进代理商成员的工作情况从而确保代理商的工作效率，降低流失率。

（3）**售后处理**。针对代理商工作中发现的问题，客服团队必须及时、迅速和准确处理，从而维护专业的团队形象。事实证明，越是积极进行售后处理的团队，其扩充速度越快。

很多优秀的团队在零启动阶段会面临各种矛盾，需要有人能够同时兼任上述角色，甚至一个人做三个人的事情。团队想获得进一步成长，走得更远，就必须先制定规则、组建执行团队，再结合代理商的特点，从不同侧重点建立起能复制的模式。这样才能通过分工合作，让规则在系统内部成功运行，将事业做得更强更大。

3.7.2　代理商团队作战

管理者拥有全面、完善的团队作战思维，在社交新零售渠道将获得强大的竞争力。相反，如果管理者思维狭隘，缺乏长远眼光，就会带得整个团队只顾眼前利益，只关注一时一地的得失，从而使团队中的所有人都难以真正提升。

1. 社交新零售运营者失败的过程

下面是不少社交新零售运营者从兴奋到努力再到消极、失败的全过程。

（1）成为代理商之后，通过学习实践收获了第一波利益，对未来很有信心。

（2）开始做推广、邀约等运营工作，同时也被人不断拒绝，遇到一些阻力，于是自信心开始受到打击。

（3）独自找方法，产生效果慢，开始否定个人努力。

（4）出不了什么业绩，开始怀疑自己是否适合这个行业。

（5）放任自己，不再努力。

（6）抱怨自己没有好运，不适合创业。

（7）将自己失败的原因归于别人。

（8）开始丧失学习的积极性。

（9）开始消极。

（10）自我放弃，或者被市场淘汰。

上述轨迹在业界不断重现。事实上，做任何事业不仅要相信天道酬勤，还要相信天道酬"团"。团队的力量远胜过个人的努力或运气，只有保持积极向上的态度，同时勤劳努力地组建团队，才能避免这种失败。个人创业，要承担所有工作，除了经营朋友圈、引流，还要收发货、做售后、做客服，更要为新人代理做指导、解答问题，自然会力不从心。因此，事业要想做大做强，必须建设强大的团队，依靠团队整体作战。社交新零售渠道这些年的爆发，也是团队整体作战的结果。

2.社交新零售从业者的态度

首先我们从两个维度来看看社交新零售从业者进行团队作战的方式。

（1）**纵向维度，以代理商团队为脉络**。例如，新人解答群里主要是新人代理商成员；传播内容群里主要是负责策划和执行推广的人员；稽查大队群里主要是负责督查代理商营销行为的人员；月业绩 PK 群的主要职能是鼓励各个总代理商进行每月业绩竞争；监督考核群由领导层和代理商构成，负责对整个品牌下各个团队的业绩进行考察。

（2）**横向维度，以不同业务内容为联系**。如财务群、文案美工群、仓储群、推广群、培训群等，这些群成员由各个团队中负责不同职位的代理商构成。虽然他们不在同一个团队，但他们的工作性质和内容非常接近。将他们拉入同一个群，会让成员有足够的交流空间，在相互影响中成长。在每个群中，可以设置群主岗位和群管理员岗位，这些岗位均由有一定工作经验、能力强、时间充足的代理商担任。此外，群内还有不同角色的客服人员负责各自的工作。

上述两个维度说明了团队运营思维对社交新零售的重要性。社交营销渠道越早具有团队作战的概念，就越早能够在共同利益的指引下，形成不断进步的整体。越是忽视团队作战，就越有可能被禁锢在小我的范围中无法逃脱。在团队作战中，社交新零售从业者表现出的态度可以分为下图所示的4种。

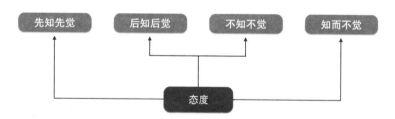

（1）**先知先觉**。任何现象的发生，必然有其背后的原因。团队作战形式非常普遍，越早看懂其背后的道理，并积极付出，就能越早得到回报。

（2）**后知后觉**。市场本身也在不停地进步和升华，即便投身社交新零售的时间比较晚，但只要及时认识到团队作战是一种强烈趋势，也可以趁势而上，在团队中跟对人、做对事，直到形成自己的团队。这种态度同样能够让大家从团队作战思维中受益。

（3）**不知不觉**。有些人完全不清楚社交新零售团队作战与传统商业团队作战的异同点，而且不愿意了解新鲜事物背后的规律。结果这些人错过了正确的思维，只能承受无尽的遗憾和惋惜。

（4）**知而不觉**。虽然有些人知道团队作战是正在发生的大趋势，但他们只看重眼下的短期利益，觉得没有必要积极了解和行动。结果他们成为消费人群而不是营销人群，只能为别人的梦想买单。

显然，前两种态度是正确的，能够树立积极的团队作战思维；后两种态度会成为社交新零售前行道路上的阻碍，严重影响自身潜力的发挥。

3.团队作战思维落地步骤

团队作战思维的运用步骤如下。

（1）**建立团队前，先融入团队**。团队建设和管理的方法不可能在短时间内掌握，其中牵涉管理学、社会学、营销学、组织学、心理学等多方面的知识。如果没有亲身体验过，仅依靠一两节培训课程必然无法掌握。因此，负责人不妨先融入一个成熟的团队，观察成熟的团队是怎样运作的，并学习、模仿，完全了解团队的正常运营规则之后，再开始经营自己的团队。

起步之初，可以先为团队起一个好名字。在取名时，尽量让直属代理商参与其中，这样他们就会有成就感和归属感。随后，可以让直属代理商将他们的代理商也拉进群，积少成多，建立自己的团队。

（2）**寻找团队核心**。团队必须由核心人员领导。只有找到几个人共同组成核心领导层，并进行分工协作，才不会破坏正确的工作节奏。

核心成员的分工应层次清楚、责任明确。

首先团队需要具有亲和力的团队管理者，该角色类似于学校的班主任，能够积极了解团队成员现状，并能沟通情感。

其次团队需要产品型讲师，这样的团队管理者能够清楚地将产品功能讲解到极致。该角色类似于专业课教师，可以解决团队中任何有关产品的问题。

最后是事业型引领者，类似于政治课讲师，通过其领导工作，可让团队中的每个成员将社交新零售当成自己的事业，并鼓励士气、活跃气氛，为代理商提供事业上的规划和指导。

任何团队的建立都离不开上述三种领导者。领导层在建立团队后，必须按照该结构进行分工并磨合，然后完善各自的职责。

（3）**团队作战需要有日常运行管理体系**。团队建立之后并不会马上发挥集体作战能力，必须在日常运行中加强管理。其中，最主要的管理有 4 个方面。

❑ **能力管理**。团队成员综合能力强弱不同，各自能力也有差异。管理者必须了解团队中的成员，根据他们的现有能力进行分类，这样才能做到量才适用、因材施教，让每个人都能将自己最强的部分发挥到极致，形成带头作用。同时，又能保证他们在团队中通过系统培训，实现取长补短，获得综合提升。

❑ **学习管理**。所有团队的作战能力都需要通过学习来提升。团队必须从招收新代理商开始，分别进行产品培训、销售技巧培训、管理培训等，逐步丰富每个人的知识，提高他们运营团队的能力。

❑ **执行管理**。管理者需要为团队中所有的代理商分配具体工作，并监督和管理其执行过程。例如，对新人代理商而言，应让他先完成具体事务，如"每天必须拜访 10 个陌生客户""每天必须在微信上联系 10 个原本不认识的好友"等。对于成熟代理商，不仅要布置任务，还要检查任务，并进行整改。当所有执行过程都得到妥善管理后，整个团队自然而然就会成熟起来，并产生收益。

❑ **业绩管理**。团队的业绩管理包括对价格、回款和升级等的管理，其中涉及的代理商政策是不同的。做好业绩管理，整个团队的业务全局就能在管理者的控制之中，并促使团队成员在能力和执行方面有明确的目标。

此外，还需要重视以下几点。

❑ **确定目标**。共同的目标是团队作战的首要条件，更是团队成功的基石，可让团队创造更大的价值。值得注意的是，目标必须根据实际情况确立。明确、合理的目标，可以让全体成员不断努力和前进，达成团队目标。

❑ **我为人人、人人为我。**不同的部门、上下级之间都是相连的，只有相互协作才能完成指标。一个良好的团队环境可使每个人都处于友好、和谐的状态，还可使自身的长处得到更好发挥，使短处得到弥补。

❑ **管理者自身的影响力。**管理者应了解团队成员的心理，重视他们提出的要求，领导成员完成目标。在合作中，管理者应学会倾听下属的心声，接受意见和建议，这样不仅可以获得尊敬，还可提高自身能力。

总之，社交营销渠道的发展必须倚靠团队作战思维，只有做好团队建设，企业和从业者才会得到更多支撑。

3.8 一个案例印证 7 大运营思维

公司招募经销商出国旅行，传统的方法会使用开会、拨打电话等方式进行主动邀约，但在社交新零售领域，更多的是借助微信朋友圈这个工具进行招募。两者最大的区别在于：传统的方法是我通知你，请你来；社交新零售的方法是我创造势能，你看到了，然后主动报名。

下面以"微微国际"2019 年 9 月的韩国游为例进行介绍。微微国际创始人徐峰（VIVI）是一位 2015 年开始微商创业的普通女性，主营大美妆类目。自 2016 年开始关注线下与线上的组合营销，并率先在国内开创了"实体 + 微商"的模式。在线下社区开发"艾丽丝小屋"私家美容院，线上与线下同步销售产品，其中线下引流、做服务，线上朋友圈推广。3 年时间，微微国际的线下实体店面加盟破千家，线上线下经销商达数万人。

2019 年 8 月，微微国际策划了一期经销商韩国游活动，邀约形式采用了社交新零售中的朋友圈营销的方式。

1. 朋友圈 IP 视觉化

把要告知粉丝的大量烦琐内容都通过精心设计的海报呈现出来，在朋友圈批量发布，在视觉上冲击各级经销商及微信好友的眼球。这里就不具体讲解实现的方法了，希望通过下面的案例展示，大家能得到一些启发。

"势"场节奏思维，提升旅行势能

以人为本思维，引发客户关注

付出利他思维，展示为他们带来的价值

以人为本思维，突出行程收获

"势"场节奏思维，做倒计时营销

2.朋友圈节奏规划

朋友圈节奏的规划，是目前叠加势能最好的方式，微友可以经历一次从发现到引发兴趣、到关注、到了解、到行动的整个过程。同时，朋友圈节奏规划也正是企业运作思维的最好体现。

3.朋友圈图文布局

用视觉化海报抓住顾客眼球，嫁接朋友圈的图文布局；艺术性的展示提升朋友圈视觉友好度。顾客愿意接受美观的展示形式。

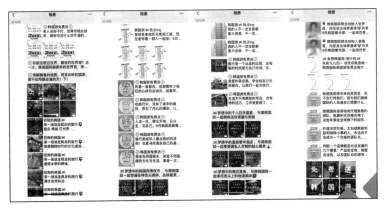

"势"场节奏思维，用海报冲击顾客眼球

微微国际（韩国游）朋友圈宣发节奏表

主题	内容	配图/视频	时间
往期回顾	微微国际环球奢华游—A站	连续发3张	8月17—9月23日
	微微国际环球奢华游—B站	连续发3张	
	微微国际环球奢华游—C站	连续发3张	
	微微国际环球奢华游—D站	连续发3张	
	微微国际环球奢华游—E站	连续发3张	
	微微国际环球奢华游—F站	连续发3张	
	以上内容可能多方位展示		
往期回顾	激情：奔放才是人生该有的态度 微微国际环球奢华游—xx站	1条视频配1条方案	
	霸气，理想才是人生该有的姿态 微微国际环球奢华游—xx站	1条视频配1条方案	
	自信，阳光才是人该有的状态 微微国际环球奢华游—xx站	1条视频配1条方案	
	自由，解读才是女人该有的追求 微微国际环球奢华游—xx站	1条视频配1条方案	
	优雅，淡然才是女人该有的模样 微微国际环球奢华游—xx站	1条视频配1条方案	
	以上内容尽可能多方位展示		
引出主题	微微国际的家人们过太有福了，xx站、xx站……让我们打开了了解广韩国的人生，体验了不一样的生活方式，来微微国际，正式开启一趟奇境！【今引】【勾引】【色】 2019年环球奢华游—韩国站，正式开启——我们一起好？	连续发六张 一张一张发 文字单独发	
	【自己思维总是让人又累又知 直接做有多焦虑和自卑？ 微微国际让您们享受免费旅游 公司懂会把赚到的钱分出来让我们一起赚，把我们觉得的公率，正式开启——我们一起开启！ 他们打败的这才是值得做的地 2019年环球奢华游—韩国站，正式开启——我们一起开启～ 游生在韩国的浪漫之地 与亲爱的他一起感受浪漫爱情中的浪漫情怀—● 初秋的韩国K·R 来一场边走边爱边的旅行？●	1张图 1条文	

横幅内容	配图说明	9月10日
免费韩国游 超低门槛，超高配置 利用我们一起去看更大的世界	单独3图样	
免费韩国游 一次线下落地次线上： 八天七夜 行业大咖输出干货 八天七夜 前对面与大咖对话 颠覆你对社交新零售行业的认知	单独3图样	韩国游旅游图
明星摄影团队，为你打造最强个人IP，发现你一个最美的瞬间。 跟着微微国际所配的明大图里，别人欣赏你的模样。	单独3图样	
微微国际内参等节奏，向您发出诚挚邀请 共去9月韩国奢华游，一起看世界		韩国游宣视频
微微国际内参等节奏，向您发出诚挚邀请 共去9月韩国奢华游，一起看世界	1视频	
微微国际内参等节奏甘好，向您发出诚挚邀请 共去9月韩国奢华游，一起看世界		
微微国际内参等节奏芳芳，向您发出诚挚邀请 共去9月韩国奢华游，一起看世界		
微微国际内参等节奏刘刚，向您发出诚挚邀请 共去9月韩国奢华游，一起看世界		
横幅内容		
会玩是一个团队，一次创收是见证（我就是如此） 微微国际：遇见更美的你—韩国站 微微国际：高层领袖经环球奢华游都游过24站—韩国站 环球奢华游24站—韩国站	韩国站	
一定要相信你自己—一定要相信你的生活方式 微微国际，一次创收案例，7创收的心愿，感受到了引业的激动。（象艺术一般融入进成热生命 #微微国际3年内帮助1000万女性实现人生和理想落目##		

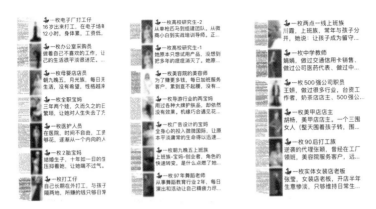

以人为本思维，用真人真事述说团队的故事

4. 线下物料清单

一枚勋章，一个图腾，一个便携收纳袋，一封感谢信，让同行者处处能够从细节中感受到团队领导者的用心。

经过 21 天的朋友圈宣发，微微国际韩国游自动报名人数很快达到了限定的 400 人，在此过程中，无一电话邀约，无一上门邀约，无一赠送名额。

第4章|CHAPTER4

社交新零售 4 大运营体系

4.1 组织文化体系

在企业运营中，企业管理者应准确捕捉经销商的需求的特点，并有针对性地对经销商进行深层次引导、说服和管理。因为产品的销售、与顾客的沟通、服务售后等都需要经销商执行。只有让经销商认同且融入组织文化，他们才能将之传递给客户。

企业需要真正尊重、善待员工和经销商，将他们看作企业的主体。

4.1.1 站在员工、经销商的角度

产品好是社交新零售渠道成功的硬性条件；服务好能够获得口碑，锦上添花。而对于员工与经销商而言，只有满足他们的需求，社交新零售的组织文化体系才能出彩。

站在员工和经销商的角度构建组织文化，应深入其内心。例如，不少团队创始人会从人性的角度出发，在经销商群体中普及"优胜劣汰"意识，使业绩普通者害怕被淘汰、业绩优秀者害怕被超越，最终确保所有成员的竞争力得到提升。

当然，也需要给予员工和经销商积极的影响。在不少营销活动中，策划者用产品和品牌带给员工自豪感，让经销商感觉能够参与到营销活动中是一次难得的机会。如某经销商不仅组织线上慈善捐款活动，还在线下积极开展献爱心活动，团队管理者以身作则，定期向慈善项目捐出自己的部分收入，并鼓励团队成员效仿。在这样的案例中，社交新零售通过健康的组织文化满足了员

工和经销商的精神需求，确保其行动始终和运营方向一致。

下面是站在员工和经销商的角度提供的主要落地方法。

1. 帮助经销商提升个人能力

人和人之间存在相互吸引的关系，普通人会被强大者吸引和影响。管理者要想让团队变得越来越强，就应该帮助经销商提升个人能量，并要求经销商分别在使用产品前、后写下个人的详细体验和感受。经销要能因此获得某些奖励。这样的方法能够促使员工和客户获得新的个人能力和能量。

2. 用爱引导员工和经销商

团队管理者要想判断组织文化是否站在员工和经销商角度，就要观察整个团队是否因此而增加"爱"。比如，团队管理者应该随时随地影响员工，用健康、快乐、成功的理念去营造目标，吸引员工追求富有爱意的生活与工作。

3. 教会员工和经销商自我引导

成熟的组织文化强调员工和经销商自我引导。每个人的成长往往都发生在自我引导的一瞬间。比如，在平时的团队管理中，管理者应制定相应的约束和奖惩制度，让员工感受到目标的压力和动力，形成自我引导能力，进而让他们自己要求自己"这次必须做好"。

社交新零售是员工和经销商支撑起来的。站在他们的角度，管理者才能从个人奋斗的思维中跳脱出来，从而感受到团队奋斗的强大，最终找到快乐自在的运营之道。

4.1.2 站在客户的角度

在构建社交新零售文化的过程中，必须站在客户的角度，这是尤其重要的。企业应真正了解客户，而不是一味地对其迎合。懂得客户需求，才能让原本对产品价值、自身需求缺乏认知的客户在了解产品的同时，逐渐了解社交新零售的现象与本质，这样他们才会果断下单。

某个经销商给不同的客户与经营者提供了不同的"身份感"。例如，消费额度小的客户拿到的产品的包装、节日礼物的档次都相对低些；消费额度大的客户拿到的产品的包装更华丽、节日礼物更丰厚。在微信群中，不同的经销商、不同的客户都有不同的专属头像、昵称格式和颜色。

另一个经销商团队善于在营销中利用稀缺性激发客户的购买欲望，例如采取限时、限量、限购的手段，或者限制客户的身份（如仅限老客户、VIP 客户），或者限制赠品，如仅送出 100 条丝巾、限当天前 100 名客户等。

当然，客户的需求也在不断变化。曾经，不少经销商选择在微信朋友圈刷屏来分享产品的图片和文字介绍，一旦有好友提问，便深入交流。但在今天，客户承载的营销信息已过量，再这样就难以奏效了，反而会被客户屏蔽，甚至直接删除、拉入黑名单。因此，团队在打造组织文化时，应结合具体情况，在不同情境中考察客户的需要。社交新零售可以从客户的深层次需求着手，发掘营销机会，创建组织文化。

比如，某经销商在朋友圈贴出自己在餐厅享用的美食，图片中除了精美的晚餐、高雅的红酒之外，还有包装别致的新产品。在文字介绍中，他这样写道："考察了十几家供应商，终于拿到了最好的新产品试用装，庆祝一下！"

再如，一位经销商将婴儿奶粉放在孩子的小行李箱中拍照，然后发布在朋友圈中，并附文字介绍："两岁的宝宝要出去旅游了，小丫头指定要带上这款新奶粉！"

在上述案例中，经销商并没有正面宣传产品，而是打造客户能接受的营销文化，必然会取得良好的效果。

要想让组织文化更加健康、高效，需要在运营中重视下列因素。

1. 与客户的沟通应杜绝功利化

单一刷屏、成交语言营销或其他引导方法之所以效率低下，是因为其满含"套路"，会让客户感觉社交新零售只是为了赚钱。因此，社交新零售应弱化商业的一面，将引导环境变得平和、正能量，杜绝功利化。

2. 组织文化应充满人情味，或有趣或新颖

社交营销领域信息泛滥，故我们提供给客户的信息应能在最初几秒吸引客户的注意。为此，团队负责人应要求经销商积极挖掘信息的亮点，提供客户喜欢的内容，如突出家庭亲情、生活趣事、小动物的萌态、大自然的美景、幼儿的可爱等，也可以展现产品功能的新颖性、使用体验的独特性……这样就能在最短时间内吸引客户注意，进入预先设置的引导情境。

3. 组织文化需要体现专业性

客户需要专业人士的帮助和服务，社交新零售系统必须体现专业性。例如，主动展示营销人员或团队的专业资格证书、运用专业用语进行沟通等，只要不过分生硬和直接，就能很好地唤起客户进一步了解的欲望，并创造积极的沟通环境。

4.1.3　站在社会的角度

企业的发展离不开社会大环境的认可与支持。社交新零售组织文化不能是无本之木、无源之水，必须符合主流价值取向，体现社会整体利益追求。这样团队成员才能产生充分的自信，热爱社交新零售事业，客户也将因此认同企业的品牌。怎样让社交新零售组织文化体现社会整体利益追求呢？

企业应该从社会宏观与微观两个不同角度着手，强调社交新零售对社会提供的便利，诠释社交新零售蓬勃发展的必然性。

社交新零售文化必须将组织文化和社会文化相结合，既要让成员看到赚取利润的经济意义，又要让他们意识到社交新零售的社会意义。其具体做法包括如下几个方面。

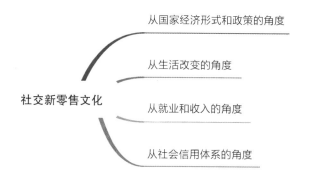

1. 从国家经济形势和政策的角度

企业可以回顾自 2015 年以来的经济形势和政策变化，如"简化注册公司程序""推动商业主体降低准入门槛""大众创业万众创新"等，用官方新闻、实际案例向团队成员普及知识，帮助他们明确意识到社交新零售符合国家法律法规，更符合社会发展的实际情况。

2. 从生活变化的角度

社会的发展变化体现在每个人的生活细节中。建设社交新零售组织文化有必要从社会共同体验出发，为组织文化注入商业历史的底蕴。管理者应启发成员回顾个人生活的变化：从计划经济的配给制度，到改革开放后实体零售业的发展，再到电商平台的崛起，最终迎来社交新零售的发展时机。

社交新零售为了让团队成员有更深刻的体验，可以通过视频、图像、数据、文字等丰富成员的感知，同时还可以有人与人之间的情感连接与服务，帮助他们认识零售产业在历史上是如何变化发展的。这样就能帮助成员不断挣脱旧有约束，帮助经营者和消费者获得越来越大的自由。

3. 从就业和收入的角度

就业和收入是社会重点关注的问题。企业可以在就业形势、人均收入等方面中找出社交新零售做出的贡献，如提高就业率、增加人均收入、拉动消费等，并将之作为重点内容融入组织文化建设中。

从就业和收入的角度论述组织文化时，社交新零售团队应该积极找案例，向团队成员列举事实，让他们切身体会到积极向上的情绪，这样就会提升团队成员为组织、为社会贡献力量的信心和决心。

4. 从社会信用体系的角度

一个成熟的社会，其信用体系必然是健全的。社交新零售组织文化建设要强化信用体系的重要性。管理者可以向成员普及个人信用知识，强化他们对信用的认知。当他们了解到从事社交新零售能给他们带来的不仅是金钱，还有未来社会中最被看重的个人信用资源时，他们对组织文化的领悟将达到新高度。

例如，某些企业在经销商群中进行了与信用知识有关的知识评测。除了笔试之外，还邀请大家在群内积极讨论，回答培训老师提出的相关问题。回答之后，再由所有成员对答案进行公开讨论并打分。在这个过程中，培训老师和群管理员及时进行总结，宣传个人信用和社交新零售事业如何相互促进、相互支持。除此之外，也有很多企业积极动员经销商学习相关专业课程，获得国家认证、协会认证，考取学校颁发的各类资质证书与结业证书，从而加强经销商的职业素养。

站在社会的角度提升组织文化，会让社交新零售企业的组织形象更全面和立体，并能对团队成员的业绩产生积极的推进作用。

4.2　品牌营销体系

有客户的地方就有需求，有需求的地方就有痛点，当社交新零售解决了特定客户的需求时，社交新零售的品牌营销自然就能成功。

4.2.1　目标人群定位

在品牌的营销实践中，企业往往会遇到难以精准定位目标人群的问题。许多经销商忙于推广和引流，在粉丝数量提升的同时，往往并没有获得相应的业绩增长。企业应该如何精准定位自己的目标人群呢？

1. 定位客户

想定位客户，首先要根据各方面的条件来界定目标客户。

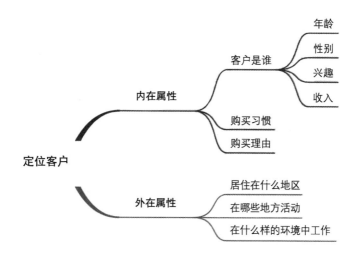

（1）**内在属性**：客户是谁（年龄、性别、兴趣、收入），有怎样的购买习惯和购买理由。

（2）**外在属性**：客户居住在什么地区，通常在哪些地方活动，在什么样的环境中工作等。

企业清楚描述出上述属性后，目标客户的大致范围就能确定了。

2. 对目标人群的购买能力进行评估

定位目标人群是为了明确其收入水平。品牌的传播对象必须是具备一定购买能力的人群。了解特定人群或个体的收入、消费水平及是否有相关产品的消费经历，方能对购买力进行评定。企业可以通过分析目标人群朋友圈对其进行了解和判断，这种方法可以形成筛选机制。

3. 了解消费历史

要想知道对方是不是特定人群，需要分析客户的消费历史。例如通过聊天、朋友圈信息了解他现在在消费什么，推断其以后会消费什么。具体而言，企业通过了解客户是否购买过同类产品、相关产品、互补产品或竞争对手的产品，判断他们购买本产品的概率。

通过这样的分析，企业能够对已有人群进行区分：留下那些可能对产品有需求的人，剔除那些不需要进一步宣传的人，从而为后期的精准营销节省时间和成本。

4. 了解现有需求

购买是因为有需求，需求决定了客户花钱购买的概率。通过分析客户已有的消费历史，企业可以了解相关情况，推断出现有需求。例如，某酒类企业会对夏季购买啤酒的客户进行统计，到冬季则向其中有需求的人推荐红酒，这样很容易就实现了品牌的精准传播。

此外，企业还可以从客户现在关注的产品中提前预估其未来的需求。如某孕婴社交新零售品牌，会对前来咨询孕期产品的客户进行登记，并向她们普及育儿知识、推广相关产品。在此过程中，客户的信任感得到提升，其中不少人放弃了去实体店或电商平台购买产品，而是选择该企业的产品。

5. 统计消费频率

消费频率越高的客户消费能力越高，潜在需求越大。经常购买某类产品的人群，大多数对产品的质量、功能、性价比已有所了解。挑出这些人，企业更容易有针对性地提高产品的潜在价值和品牌信任度。

6. 对市场进行细分

企业可以对现有市场做进一步细分，对潜在的消费群体加以区别。如细化客户需求，区分他们的差异，这有助于推出针对不同消费层级的区别性政策，形成面向垂直人群的品牌竞争力。

7. 对精准客户进行"画像"

企业应及时提取精准客户的特征，并进行分类和归类，总结出客户画像，这样能对后期的精准营销起到很好的辅助作用。

企业可以列出优质客户的特征标准，例如：女性，30～40 岁，月收入 5000～12000 元，喜欢购物、逛街、旅游、阅读文艺类书籍，经常出入商店和健身会所。通过这些特征，有助于进行集中营销，吸引特定人群，打造品牌形象。

在对精准客户进行画像时，企业要注意以下两个方面。

（1）**分析老客户**。观察已成交的忠实客户，分析其消费行为，从中提取消费共性作为判断标准，如年龄、爱好、职业、消费历史、活动地点等。

（2）**分析竞争对手的客户的特征**。总结竞争对手的客户的特征，与自己的产品和客户进行关联分析，改善自己客户的画像，并优化营销策略。

4.2.2　挖掘品牌故事

在移动互联网时代，商业品牌的组成因素并非某种具体、单一的客观实物，既不能只是单纯由明星代言人支撑的广告宣传，也不能只是某个产品所提供的功能。品牌是团队所能提供的价值在客户心中留下的印迹。如果社交新零售企业不主动挖掘品牌故事，就很难获得忠实的粉丝，也就难以形成围绕客户进行的系统运营机制。社交传播的重要元素是品牌故事。

某企业在其公众号内每月推送两则和产品有关的故事，既有客户、销售的个人经历，又有与选材、原料、研发相关的团队故事。这些故事的主角或是经销商，或是创业者，也可能是普通客户，鉴于此应突出其中的励志性和正能量。与产品有关的故事，应重点突出品牌包含的健康养生文化。

每次推送故事之后，企业会将故事分享到经销商群和客户群，并向大家提出相关话题，话题围绕故事内容和主题设置，凡是有感触的人，都可以进行转发或发表评论。所有与话题相关的评论截图都会转发给其他经销商。随后，管理者会挖掘更多的经销商故事，将产品和服务有关的信息深植故事内，铭刻在客户脑海中。

那么，品牌故事应包含哪些要点呢？

1. 心智塑造

社交新零售的品牌故事应该指向客户的头脑，要彻底改变他们对产品的印象，并形成条件反射，并非单纯强调产品的功能。例如：体重管理的故事要让客户一听到"减肥"就想到某某产品；美妆护肤的故事要让客户一听到"化妆"就想到某某品牌。

社交新零售应该结合产品特征开发和创作故事内容，以便品牌故事能围绕客户的心理反应运作，进而影响他们的行为。

2. 良知为内核

社交新零售在确定故事内容的标准时，不能欺骗客户，不能隐瞒事实，不能过分夸大产品的效果，要提醒客户应该注意的事项。通过故事细节对此加以表达，才能使社交新零售表现出与众不同的道德优势，让客户愿意亲近，并促使他们认可品牌，如企业的愿景与使命、企业的公众形象。

3. 独特性

企业要想构建品牌故事，就要在故事中阐述独一无二的产品价值。为此，社交新零售要确保在故事情节的设置上突出产品最大的亮点。如利用情节冲突，从不同角度表现产品的性价比，包括原理、效果、价格、使用时间、获得收益等。企业采取类似的传播手法，客户会记住故事，认可产品的优点，并因此记住品牌。

4. 识别标记

品牌要通过强大的形象来展示其思想内涵。企业在构思故事时，要注重体现品牌的标记文化。例如，在故事中用独特的文字、图片进行品牌宣传，突出产品的别致包装等形象。又如，为品牌打造一个形象代言人，而这个代言人甚至可以是一个卡通形象。这样，即便产品功能与竞品相近，也能被客户识别，并成为特立独行的品牌。

5. 话题作用

品牌故事的传播不能依靠说教式的广告。事实证明，任何成功的社交新零售品牌故事，都具有话题性。社交新零售要让故事能够通过营销将品牌话题延伸到客户的生活中，使客户主动为品牌发声，表达自己的喜爱。

　　企业不妨多组织讨论交流，在此过程中，企业要保持自身立场的客观性、中立性，形成自由开放的沟通氛围，以便找到所有人关心的故事主题。

　　在社交新零售迅猛发展的同时，行业洗牌也正在进行中。致力于通过品牌价值扩大营销效果的社交新零售，会以优秀的故事获得客户的信任，并将价值展现在所有人面前。

4.2.3　产品价格体系

　　品牌起步离不开产品价格带来的优势。建设成熟、稳定又具有优势的价格体系，能让品牌具有超越竞争者的力量，但在实际运营中，尺度并不容易把握：价格定得太高，容易流失客户；价格定得太低，则无法获取足够的利润。如果价格体系内部的层次不清晰，就难以平衡团队内部经销商的利益。

　　那么，究竟怎样结合品牌特征确定产品价格呢？

　　首先，**产品价格体系必须统一、透明和公开**。稳定的价格体系有利于品牌的长远发展，并能够对经销商进行规范管理。相反，如果价格体系随意变动、毫无规律，就很容易因为供货价波动而伤及经销商的利益，整个品牌运营体系会变得混乱。因此，企业不仅要建立层级式的价格体系，还必须采取督导、抽查、考核、奖惩等方式，维护价格体系的稳定。

　　其次，产品的具体定价有独特的技巧和方法。

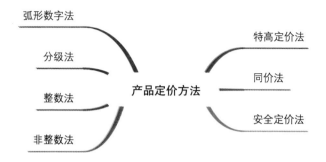

（1）特高定价法：在新产品刚开始投入市场时，可以将价格定得远超过其成本，确保企业所有的经销商都能在短期内获得可观的利润，随后再根据市场的具体变化对价格进行调整。

（2）同价法：在推出的系列产品中选择几件，将它们设置为同样的价格。可以将其中某些产品的价格设置为略低于竞争对手，这能够起到吸引流量、塑造品牌形象的作用。其他大多数产品则可以通过这种定价方式赚取利润。

（3）安全定价法：如果产品是面向普通人群的，市场上的同品类产品较为常见，则定价应该适中，以符合消费者的接受能力为好，这时就需要用安全定价法。安全定价通常由成本加正常利润构成。例如，一瓶精油的成本是40元，根据同行业的一般利润水平，如果期望每瓶的总利润为80元，那么这瓶精油的安全价格就是120元。

（4）非整数法：零售价格可以定为带有零头的非整数。这种定价方法能激发客户的购买欲望，也能降低经销商拿货的心理压力。实践证明，非整数价格虽然和整数价格接近，但带给客户的心理暗示有着很大的区别，如9.9、99、198、298这类数字。

（5）弧形数字法：根据心理学原理，定价时最好多使用带有弧形线条的数字，如 5、8、0、6、3 等，这些数字容易被客户接受，而 1、4、7 等数字相对而言不美观，容易分散客户的注意力，不太容易被客户接受。

（6）分级法：企业在设计价格体系时，应该考虑客户的购买力层次。例如，某服饰用品根据女性客户的高、中、低收入水平，打造出三大品牌，并分别制定不同的价格范围。又如，某瘦身产品，根据顾客希望达到的瘦身效果与要付出的自律程度给出三种不同的执行方案，同时制定不同的价格。

使用分级法价格体系时关键看客户能否接受品牌的定位，只要客户接受，则不论价格高与低，品牌都可获益。

（7）整数法：如果企业经营的是高档产品或耐用产品，希望打造大品牌，那么可以尝试整数定价策略，这样能传递出"一分钱一分货"的暗示信息，从而让客户对品牌产生积极的印象。

4.2.4　提炼核心卖点

提炼核心卖点并非社交新零售创造的新运营理念。早在传统零售店的时代，实体门店就通过强化"卖点"吸引客户。在电商时代，这种品牌推广方法得以充分发挥。而在社交新零售的运营实践中，依靠提炼卖点的方法依然能够带来巨大利益，为企业运营扫清障碍。

卖点可以帮助企业通过产品独一无二的特性打响自己的品牌，带来巨大的销量，同时积累粉丝。

移动互联网让信息传递更为精准、快速，网络交易打破了时空的限制。现在正处于"四大红利"时期，任何类型的产品都能在"长尾效应"下聚集充分的需求，因此以"卖点"打天下更容易成功。

某品牌旗下的企业主营民族铜金属工艺品，这个产品有很强的传统产业背景，可以用"卖点"进行引流并放大品牌影响。2015 年，该团队推出了一款活动价产品——只卖 19.9 元的铜葫芦，一年内卖出了 20 万个，虽然销售额不算大，但在"双11"时为该团队带来了巨大流量，一天内销售额达到了 15 万元。

该团队管理者总结经验时说，自己之前并不懂什么是社交新零售，也不知道铜葫芦除了装饰之外还有什么作用。后来，他意识到，卖点必须是别人无法提供的价值，可以是品质好，也可以是性能好，还可以是价格好。如果三个方面都不能做到最优秀，也可以综合起来，形成全面的优越性。他们的铜葫芦在铜工艺上是业界的最高水平，再加上低价格，就有了卖点。

塑造出卖点的基础之后，该团队又对产品进行了升级，以期丰富品牌内涵。如开发其功能性（在小葫芦里放上檀香木、加上饰品挂绳）、在铜葫芦上增加订制 Logo（标志）或文字，又如用创意包装代替传统包装、走量压价等。通过这样的操作，他们吸引了大量新用户，并顺利将这些用户转化成社交新零售品牌的支持者。随后，当该团队在其微信公众号上推出注册就送铜葫芦的活动后，在短短 20 个小时之内就获得了 4 万个有效粉丝，品牌营销战略获得了巨大成功。

提炼卖点在于找到产品的"尖叫点"，即只有在产品的某个点上做到极致，让客户尖叫起来，产品才会有效吸引客户，企业也能因此得到大量关注。因此，社交新零售对产品的打造，应坚持将某一点做到极致，超出客户的预期，让他们感到物超所值，不要盲目追求让所有部分都优秀。

如何才能做出卖点的"尖叫感"？答案离不开下面几点。

（1）**价格思维**：压缩成本，形成超高性价比。在围绕卖点打造方案时，企业要尽可能压缩成本，将价格砍掉一半甚至更多，同时还要提高产品性能。价格上的强烈对比，会引发客户的浓厚兴趣，当他们进一步了解性能之后，就会产生更大的惊喜。

（2）**聚焦思维**：专注于满足一部分客户的需求。社交新零售企业要重点研究核心客户，如能够带动消费群体观点的意见领袖，或者是对产品有独到见解和使用经验的老客户。随后，企业要聚焦手中的资源，围绕这些"铁杆粉丝"进行服务，坚持听取他们的意见，及时更新产品，从而生产出卓越的产品。只有运营这些核心客户，确保他们获得满足，才会在之后产生强大口碑，形成连锁反应，最终引爆品牌。

（3）**粉丝思维**：企业在提炼卖点时，应该将客户的需求看作重点，并将用户思维升级为粉丝思维。正是因为能够将用户变成粉丝，才能让产品的卖点得以在社会化营销中成功代表品牌的实力。

与此相反，传统零售企业的运营，往往是花费大价钱进行线下让利活动，目标客户只看见了产品，并不一定能看得见产品的直接效果。而社交新零售企业可将现有客户看作团队的一分子，用卖点积极促进客户互动和分享，给客户赠送意想不到的价值。客户会在围观、购买和使用产品的过程中对之进行传播，发挥粉丝的主动性。这也正是为什么卖点的推广过程不应该单纯用销量来判定成果，而是要以有多少客户加入了粉丝群体来论输赢。

总之，提炼卖点不是为了单纯提高销量或扩大名气，这是一种综合性的营销方式。满足粉丝内心和现实利益的卖点，可体现出品牌的人文关怀，让品牌获得市场的广泛认可。

4.2.5 产品详情塑造

社交新零售的品牌营销不仅要有战略思路和想法，还要具体到技术层面，以便塑造品牌无可取代的价值。通过塑造产品详情，可打造出优秀的品牌形象。

1. 充分了解产品详情的作用

产品详情是客户转化的重要入口，能够激发客户的消费欲，并建立他们对品牌的信任感，从而有效消除他们购买前的心理压力。产品详情塑造得当，能够让产品形象塑造如虎添翼，并为品牌加分。

2. 把握塑造产品详情的原则

无论是微信朋友圈，还是论坛文档、公众号内容，产品的详情介绍都应和产品主图、文案标题相吻合，真实介绍产品的属性。

例如，产品针对的是年轻女性，但详情页所使用的文字和图案是中年风格，受众就会很容易产生误解。

3.前期市场调查

设计产品详情页之前，要进行充分的市场调查，主要包括同行业调查、消费者调查两方面。同行业调查可以规避与同类产品相似的详情内容；消费者调查应分析精准人群的消费能力、喜好和购买过程中所在意的问题。

在调查中，应通过网络搜索工具，如百度、搜狗、淘宝等，了解客户人群的年龄、地域、喜好、消费能力等，从中挑选出有参考意义的数据，从而优化详情内容，突出品牌优势。

根据市场调查结果，对产品进行系统总结和分析，罗列出竞争产品的优缺点、消费者所在意的事项、产品的定位特点、产品与众不同的卖点等，上述这些都可以作为设计产品详情的资料。在这个过程中，需要有足够的创意，思路不能被现有情况束缚。

在产品详情的塑造过程中，可以选择的产品卖点范围广泛，从价格、款式到原料、品质，从文化、感觉到服务、特色，只要能找到吸引眼球、凝聚人气并有放大潜质的因素，就可以利用它打造出引人入胜的详情内容。

4.提炼内容元素

在确定产品定位和卖点之后，企业可以结合品牌特征，准备组成详情内容的元素，其中包括文案、图片、用色、字体、版式等。注意，这些元素的综合体现应符合产品特性。例如，销售冬季护肤产品的背景量应该用冷色调，字体应显得温和圆润，这样才能形成冷暖对比。

在常见的产品详情内容架构中，往往前半部分介绍产品价值，后半部分重点发掘客户的信任感。基本顺序为：

（1）用文字和图片引发客户兴趣。

（2）提出问题，激发客户的潜在需求。

（3）展示不同资料，证明产品的价值，提高客户的信任。

（4）消除阻碍并帮助客户做出决定。

应该特别注意的是，由于社交新零售一般无法让客户直接体验产品，产品详情塑造需要打消客户的顾虑，故所有内容都应围绕这一核心进行。

从总体上看，产品详情塑造完成之后，还应该在实践中不断评估并加以优化。企业应该尽量多收集同行中销量较高的产品的详情内容，分析它们的构成和布局，先模仿，再进行优化和创新，从而为品牌带来更大的提升空间。

要充分利用微信个人号，可将其作为社交新零售企业的微信素材号，每天为经销商发布或更新大量的产品详情信息，让经销商有大量的内容可以传播。朋友圈里发布的文字适合100字以内，图片一组最多九张。我们可以对产品详情页按主题版块进行拆分，得到多个版块后进行内容填充并在素材号上进行日常发布。

4.2.6　新品上市节奏

众所周知，任何产品都不可能长销不衰，而企业也无法仅依靠单一产品形成品牌，原因是只有满足顾客全方位的需求，才能使其长期与品牌保持黏性。不断推出新品，带动品牌成长，是社交新零售需要重点考虑的方向。然而，企业在发布新品时，经常会面临难以把控节奏的问题：过快推出新品，朋友圈中会增加大量的营销广告，这会让目标人群感觉厌烦；新品推出的节奏过慢，又会导致客户对品牌的关注度降低，导致客户流失，最终导致企业利润下降。为此，企业必须懂得调整新品的推出节奏，以便平衡不同需求。一般而言，新品上市节奏需要分为下面的步骤。

首先，企业领导层必须在推出新品之前研究"新品上市时间是否正确"这个问题。这个阶段，应首先了解产品研发、生产的情况，包括生产企业在设计及开发产品时针对的客户人群、原材料选择、供应商参与、技术或配件外包情况，以及生产企业的规模与经验等。了解这些情况有助于将上市时间同产品的研发情况相互结合，明确战略方向。

其次，应针对同类型产品进行市场调研。调研应重点针对同类型新品的失败案例展开，包括新品推出后的知名度、满意度等，从中吸取经验和教训。例如，对新品进入市场可能遇到的阻碍加以分析，制定应对市场障碍的对策；通过对竞争产品的失败案例进行分析，确定自己的新品的竞争定位，选择营销渠道，制定面向精准人群的宣传策略和推广方式，并制定面向经销商的招商策略等。

做好前期准备之后，新品推广可正式展开。

新品上市的第一步是引起关注。**一般而言，可以提前一个月进行预热，让老客户关注产品。**

例如，可以由各级经销商分别招募免费体验会员，以征集新品的体验回馈为名，吸引老客户报名。一旦有第一批招募的用户参与，就可以马上将招募结果发到朋友圈，进一步塑造产品价值，吸引第二批用户。

体验用户招募结束后，可以结合情景体验推广新品。为了让体验用户顺利使用产品，达到良好的效果，经销商在推广中需要将产品的使用方法告诉客户。当客户按照方法使用后，再针对不同的使用结果交流应注意的细节。这样就能将老客户带入特意设置的情景中，让他们感觉已经充分适应了产品，并足以担任代言人的角色，从而很可能通过他们的主动分享吸引到新的体验用户。

在体验用户达到一定数量时，企业可以停止招募。此时，很可能有参与了活动，但没有得到试用机会的人。企业为了感谢他们，应在新品预售期内把他们作为特殊客户，让他们能够以优惠的价格购买产品。为了让活动更具有吸引力，还可以规定每个人购买新品的数量。

通过上述步骤，在新品还没有正式推出之前，企业就已经有了一批粉丝，这些粉丝绝大多数是通过新品吸引来的。有了这样的基础，新品会更快得到市场认可。

4.3　组织架构体系

社交新零售企业的组织架构形式多种多样，小企业的组织架构相对简单，但如果想让企业运营更顺畅，以下九大组织缺一不可。当然，组织架构建设并非一日之功，企业也可以在发展过程中逐步完善组织架构。

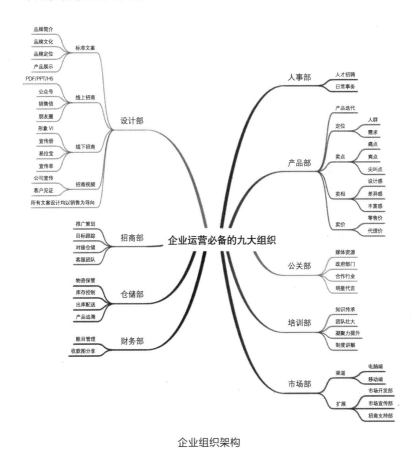

企业组织架构

1. 教育部

教育培训是社交新零售运营中不可或缺的一环。只有做好教育培训，企业才能不断吸引新鲜血液，从而支撑品牌的崛起。培训部门主要负责下面的工作。

（1）**知识传承**：利用教育培训普及产品知识、社交新零售营销技能、品牌形象要点等。

（2）**团队壮大**：利用教育培训推进团队复制速度，提高企业实力和品牌影响力。

（3）**凝聚力提升**：组织日常活动，强化企业内部的凝聚力，形成整体的企业品牌文化。

（4）**制度讲解**：参与制定并维护企业制度，宣传、下发与执行制度中的奖惩规则，利用制度完成考核。向经销商团队宣讲、普及产品政策，并负责维护产品政策的执行情况。

2. 公关部

公关部主要负责拓展和管理公共关系，包括与媒体、行业机构、公益组织等的关系。公关部应运用多元化手段实现信息传递、活动推进，从而达到维护品牌形象的目的。

社交新零售企业公关部的主要责任是抓住以下四大社会资源。

（1）**媒体资源**：媒体资源包括传统媒体和新媒体，前者包括报社、电台、网站等，后者包括行业微信公众号、直播平台等。

（2）**政府部门**：包括行业监管部门、政策制定部门、招商引资部门等。

（3）**合作行业**：重点应维护好能够提供合作资源的行业伙伴，如旅游行业、娱乐行业。

（4）**明星代言人**：应维护好与明星代言人的关系，从而确保企业品牌的形象不受损。

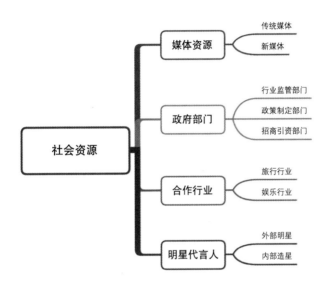

3. 产品部

产品是营销的基础，产品部也在社交新零售企业中扮演着重要的角色。产品部的主要职责包括以下几点：

（1）完成产品供应商选择、合同签订和产品的更新迭代。

（2）对产品进行定位，包括对购买人群和需求的定位。

（3）分析并描绘产品的卖点，包括痛点和尖叫点，得出产品带给客户的幸福指数。

（4）设计并打造产品的卖相，包括形象上的设计感、差异感、丰富感。

（5）制定产品价格政策，包括零售价、经销商价等，确保价格的科学性、合理性。

4. 人事部

伴随社交新零售企业的成熟化、正规化，人事部门正在成为其重要的组成部分。一般来说，人事部门承担以下职责。

（1）制定、修改企业的各项规章制度和管理办法，形成制度化、规范化、科学化的企业管理体系。

（2）分析企业现有的人力资源状况，预测人力需求，制定并修改人力资源规划。

（3）在各部门的协助下提出岗位设置、调整意见；明确岗位职责和任职资格。对各级经销商岗位的价值进行合理评价，编制、修改和完善各部门、各级经销商岗位的职责说明书。

（4）根据岗位需求和人力资源规划，制订招聘计划，做好招聘准备，实施招聘并完成入职手续。

（5）建立考核管理体系，制定相关方案；牵头组织企业各部门考核并予以指导和监督，协助企业领导层对各部门负责人以及经销商进行考核；做好考核结果的汇总、审核、归档管理工作。

（6）根据企业规划和员工发展需要，建立并优化各级经销商和团队员工的培训体系；组织实施、指导、协调对员工、经销商进行的分类、分层培训，努力提高团队综合素质。

（7）做好员工和各级经销商的人事档案管理工作，定期汇总行政和人力资源方面的相关统计报表和报告。

（8）办理经销商加入和退出手续；办理员工录用、调迁和离任手续；做好劳动合同管理、劳动纠纷处理和劳动保护工作。

5. 设计部

设计部主要负责销售和招商两大领域的素材设计。其工作业绩直接体现在销售和招商业绩上。

（1）**销售素材**：销售素材包括标准文案，以及与品牌简介、品牌文化、品牌定位、产品展示等相关的素材。

（2）**招商素材**：招商素材包括下面三个部分。

- ❑ **线上招商素材**。包括 PDF 文档、PPT 文档、H5、公众号文案、销售信、朋友圈信息等。其中，朋友圈信息还包括经销商反馈、业绩反馈、团队成长故事、宣传语等相关内容。
- ❑ **线下招商**。包括招商会上的形象设计、宣传册、易拉宝、宣传墙打造等。
- ❑ **招商视频制作和使用**。包括公司宣传、客户见证等内容。

6. 招商部

招商部主要包括销售运营团队和客服团队。

（1）销售运营团队的职责包括以下几个方面：

- ❑ 根据公司整体战略目标，参与制定产品的销售和运营策略，以及推广策略。
- ❑ 对运营政策进行传达、管理和执行。

❑ 处理日常订单，并对接客户、财务数据和仓储。

❑ 审核每日销售报表，负责编写每周政策总结和月度销售总结。

❑ 负责掌握不同级别经销商的经营状况，对经销商团队进行适当更新和调整，确保整体运营效果良好。

❑ 搭建并维护经销商团队和公司销售信息交流平台，并激励团队的进取精神。

（2）客服团队职责如下：

❑ 严格执行公司的经销商政策、制度和业务流程。

❑ 为经销商提供全面的仓储、物流、业务支持等服务。

❑ 负责维护公司的价格体系。

7. 仓储部

仓储部主要负责各类产品、零部件、原材料、辅料等物资的入库、保管、库存控制、出库和配送工作。其主要职责如下：

❑ 合理规划仓储区域及具体货位，做到货物码放整齐、有序、便于操作，从而不断提高仓库利用率。

❑ 统一各项业务流程，实行定期盘点制度，做到仓储账、物、卡、证一致。

❑ 严格按照业务流程操作，确保各项货物出入库的准确性与及时性。

❑ 确保按照标准做好仓库卫生、安全等方面的工作，有效降低产品的非正常损坏率。

❑ 科学管理，不断提高库存周转率，降低仓储成本。

❏ 确保各项数据处理准确、及时，让各项业务记录完整和可追溯。

❏ 加强仓库所有保管人员的教育培训和业务技能培训，做好仓库的各项保密制度。

8. 财务部

财务部是社交新零售企业的重要职能部门，承担如下责任：

❏ 根据公司资金运作情况，合理调配资金，确保公司资金正常运转。

❏ 搜集公司的经营活动情况、资金动态、营业收入和费用开支的资料并进行分析，提出优化建议，定期向领导报告，并将收款图、发货图分享给不同经销商团队的管理者。

❏ 负责全公司各项财产的登记、核对、抽查，按规定计算折旧费用，保证资金充足。

❏ 负责公司现有资产的管理工作。

❏ 负责产品成本计算及损益决算。

❏ 负责经营报告资料的编制，协助建立单元成本、标准成本，汇总奖金核算、年度预算的资料；反馈及督促会计意见，研究税务及税法。

目前，在社交新零售企业中，还存在管理者对企业财务模块不够重视、人员素质偏低、财务管理信息化落后的问题。社交新零售企业必须意识到财务部门的重要价值，提高企业财务管理水平，带动企业成长。

9.市场部

市场部是社交新零售企业营销组织架构的重要组成部分，如果进行细分，还可以包括以下部分。

（1）**市场开发部**：负责对现有产品进行战略性市场推广，打通 PC 端和移动端的市场渠道。具体任务包括产品定位、价格策略制定等。该部门最重要的工作在于体现产品的特殊价值。

（2）**市场宣传部**：主要负责新老产品的市场活动，会涉及线下、线上等不同的宣传阵地。作用是激发市场需求，并与客户进行有效沟通。

（3）**销售支持部**：为具体销售渠道提供支持，包括产品培训、竞争分析、销售工具、销售技巧等各方面的支持。

此外，社交新零售企业应清楚市场部与招商部的工作区别，具体如下：

（1）市场部的目标应是树立品牌、扩大品牌知名度并提升美誉度，并向客户提供普遍能够接受的购买理由。招商部的工作目标是研究如何将产品送到客户手中，从而成功实现产品价值。

（2）市场部和招商部的层次存在差别。首先是战略和战术方面，市场部应针对售前、售中、售后进行市场调查，确定产品定位，以及制定品牌推广方案、渠道开发和维护政策、售后服务政策等，其中大部分是全局统筹性的工作。招商部则主要负责具体的执行，包括管理好渠道、保证物流和资金流的安全；其次是全局和局部的差别，市场部主要考虑社交新零售品牌的整体利益，除了需要衡量销量，还要考虑品牌的知名度、美誉度；招商部的工作主要体现在产品的销售和收款上。因此，**市场部的工作关系到企业的长远利益，而招商部的工作可以按周、月、季度来衡量。**

4.4　品牌管理体系

品牌管理是社交新零售品牌营销体系中的关键。在品牌管理中使用好下面 5 个策略，有利于社交新零售企业结合多种品牌营销手段形成精彩的"组合拳"。

4.4.1　核心竞争力定位

找准产品的核心竞争力是品牌管理的基础，其中包括身份定位、产品定位、平台和工具定位。

（1）身份定位是指明确品牌管理具体指向哪些特定受众群体。策划者必须结合受众群体的身份背景和各自的需求，形成对品牌的精准描述。

（2）产品定位是指在品牌营销活动中对主要产品的定位。其中不仅有对产品质量、特色和价格的定位，还需要准确描述产品可能产生的衍生价值、品牌背景、竞争情况、市场占有率等。明确身份和产品的定位后，应进一步定位平台和工具。受社交渠道的影响，不少管理者总会选择手机端微信作为工具，其实他们应将思路拓宽一些。

（3）在推广平台方面，微博（PC 版、手机 APP 版）、QQ（PC 版、手机版）、微信（网页版、PC 客户版、手机 APP）、短视频 APP、内容型 APP（小红书、B 站）、语音型 APP（荔枝 FM、喜马拉雅 FM），甚至线下实体店、商超都可以进行品牌推广。全渠道推广可以让品牌影响面更大，但一招鲜也可以吃遍天，具体如何选择要结合企业的具体情况决定。针对上述这些平台，企业可针对自己所处阶段做出不同的选择与组合。

4.4.2　发布品牌广告

广告应突出对客户有益的价值，结合客户痛点，可顺利将价值传递出去，有效引起客户对品牌的关注。下面是大多数优秀企业带领经销商在社交渠道中发布品牌广告的方式：

（1）**视觉展示**：包括小视频、朋友圈图片和文案展示，向客户传递产品质量特征和功能特点。

（2）**专业知识分享**：把经销商打造成为专家。

（3）**营销逻辑分享**：如先发布需求信息，再发布产品信息；再如先发布产品使用信息，再发布效果反馈信息。

（4）**售后服务分享**：先发布产品售后信息，再发布客户对产品与服务的评价内容。

上述 4 种广告方式能够把与品牌有关的重要信息传递给客户，不仅能够帮助客户丰富知识和经验，还能给客户提供解决难点的建议或方案。

4.4.3　代言人"晒"品牌

品牌代言人不一定必须是明星。事实上，企业的每个成员、经销商甚至每个忠实的客户都可以担任品牌代言人。通过他们在各大社交媒体平台对组织文化的"晒"，能有效完成品牌推广。代言人"晒"品牌，主要包括以下方向：

（1）**晒成交**：成交单、当天转账记录、历史转账记录等。

（2）**晒发货**：仓库情况、发货情况、发货单等。

（3）**晒培训**：微信群培训、会议培训等。

（4）**晒会议**：晚会、各种商务会议等。

（5）**晒产品**：产品细节、外包装、产品功能介绍、厂家生产景象等。

（6）**晒买家秀**：客户购买和使用之后的感受、反馈，使用过程图，使用前后的对比图。

（7）**晒生活**：与产品有关的生活内容，包括小资生活、文艺生活，以及与亲子、情感、旅游、美食等相关的内容。

（8）**晒荣誉**：所获奖励、荣誉证书、技能等级证书等。

无论在何种社交平台上分享，代言人"晒"品牌的原创度和质量水准都非常重要。一方面原创度的高低决定了客户眼中品牌内容的新鲜度、价值度；另一方面所晒内容是否具有良好的品质，也能影响客户对品牌和团队的印象。

4.4.4　有效文案推广

在品牌管理过程中，需要充分重视品牌推广文案的水平。

1. 文字内容方面

标题不应超过 16 个汉字，正文内容控制在 100～150 字。图片尺寸应合适、清晰美观，最好用 6～9 张图片，并附加营销的微信二维码。

2. 文案内容方面

应研究品牌面向的精准人群喜欢什么样的信息，根据事先调研结果做好标签分类，再利用微信的标签分组推送功能，有针对性地推送活动信息，还可以对客户信息做数据分析。比如，对信息做好归类整合之后，提取核心词汇，找出热点信息，从而为下一次的品牌推广文案写作提供数据指导。

另外，企业应主动分析客户的朋友圈信息，找到他们经常活动的商圈、消费品牌、对品牌的忠诚度等信息，针对特点相同的人群设计包含特定内容的品牌宣传文案。在文案和图片的具体设计方面，还应做到以下几个方面。

（1）**有种**：即重点内容有闪光部分，"种"即与众不同的知识、思想、概念，同时又能作为和产品价值联系的媒介。

（2）**有料**：即有打动力、感染力、可操作性。受众会被文字或图片瞬间击中心灵，感受到应有的冲击，或能够在阅读之后马上有所改变，并体会到不同的结果。

（3）**有情**：文字和图片应包含团队对客户寄托的情感，人们能够从中受到触动，并对品牌产生依赖和忠诚。

（4）**有趣**：文字和图片应当别出心裁或富有幽默感，从而让受众在阅读后第一时间会源于兴趣主动分享。

（5）**有用**：分享的内容有价值，让受众群体从内容中有所收获。

（6）**有品**：文字和图片需要有品位，不能流于俗气、令人生厌。

3. 开展品牌活动

品牌管理离不开活动。利用优质的活动，社交新零售企业可以展示品牌，并将品牌粉丝转化为直接的销售对象。

活动可以用一对多的形式完成，也可以用一对一的形式完成。一对多的活动有新品发布会、旅行、沙龙、培训和各种比赛等；一对一的活动有上级经销商对下级经销商的辅导、经销商对客户的服务等。

很多品牌为了保持经销商的活跃度，每月都会做动销周活动。下面是某品牌做线上动销周活动时拟定的一对一成交方案。

（1）找到顾客的需求。

（2）增强顾客不购买的痛点。

（3）提出品牌的解决方案。

（4）列出品牌解决问题的能力和资格。

（5）列出品牌提供给顾客的所有好处。

（6）解释自己的产品为什么是最好的。

（7）适当赠送用户一些产品试用装。

（8）限时、限量供应产品。

（9）提供忠实顾客的见证。

（10）找到近似的产品，与之比较价格，解释自己的产品为什么物超所值。

（11）了解顾客希望从品牌推广中得到的知识。

（12）塑造顾客对产品的渴望度。

（13）解释顾客追随产品的理由。

（14）分析顾客关注产品的优势和盲点。

（15）分析顾客对产品的疑问。

在设计一对一的动销活动时，策划者应该考虑品牌推广成员的水平、能力和经验，从而量身打造他们最擅长使用的技巧"军火库"，并通过培训为他们配置到位。

总之，品牌管理是企业营销活动的重点，只有经过精心策划和周密考虑，将不同策略加以结合，品牌建设才能稳妥而迅速地进行。

第5章 | CHAPTER 5

社交新零售模式设计

5.1 "我"的社交新零售蓝图

"企业与品牌的战略与定位思考"是一堂非常重要的必修课。

1. 战略思考

从战略层面来说，我们要思考如下问题。

❑ 我的生意准备做多大？我的产品所属行业前十名的客单价是多少？

❑ 我的产品与排名前十的产品相比差距在哪里？那些产品真的比我的产品好吗？

❑ 中国有多大客户容量？和我相关的有多少？

❑ 客户是否花了更多的钱买了国外的产品？这些产品有哪些不足？

❑ 我的产品所属品类在政策层面的趋势与优势是什么？

❑ 我的产品所属行业未来3到5年的发展趋势是什么？

❑ 现在中国正处在一个消费升级的时代，在这样的背景下，我的企业能做什么？

❑ 我准备怎么做？尤其是针对产品、品牌，企业该怎么做？

想清楚自己想要的是什么，想清楚未来自己想做成什么样子，而不要只看眼前，急功近利。想清楚目标之后，社交新零售就会只是你实现目标的路径之一。

如果要做平台，应该怎样做？供应链如何对接？渠道如何建立？流量如何吸引？

如果要做品牌，应该怎样做？市场知名度和市场占有率如何打开？

操盘的技巧很多，别人能用的不一定适合你，每个人都需要结合自己的内在沉淀来进行系统规划。**成功是不可能通过简单复制得到的。**

2. 定位思考

战略是务虚的，定位是务实的。企业定位是什么？品牌定位是什么？企业做社交新零售的路径定位是什么？你的个人定位是什么？你给经销商的定位是什么？定位不同，战略不同，相应阶段你要做的也不同。战略看长远，定位看中期。

3. 目标思考

企业的第一目标是什么？未来一年，企业的第一目标是什么？企业的每个阶段性的目标是什么？所有商业的本质都是相同的，经营企业的本质也是相同的，都需要目标的牵引。企业有了自己的目标，它带领的经销商才会有目标。有了年度目标，就要有季度目标、月度目标、周目标、日目标。能够看清楚自己的优劣势，再加上目标的指引，企业才会有未来。

4. 反观过去，做出参考

我们先来看一个表。

产品层面	渠道层面	战略层面
单品爆破	线下转线上	小而美
多品共进	多一个线上渠道	大而全
社交电商平台	线上线下打通，全渠道	融资上市

（1）产品层面

某些社交新零售品牌采用单品爆破的打法，这种做法的好处在于，可以用最低的成本来测试市场对于产品的接受程度，同时也可以用最低的成本来搭建运营团队的骨架。社交渠道的运营看似简单，但是对于从未经历过的企业家来讲，刚刚进来时总会有些摸不着头绪，找不到经营的路径。单品爆破是风险最小的方式。不少品牌靠一款产品打天下，两到三年都只有一款产品，最多就是出了几个不同的型号，我们也把这种方法理解为单品爆破。

当然，一款产品或许能在经销商层面做深，这是经营通路上的一种打法，但是，如果希望能够长期绑定顾客，单品思维就很难奏效了。大家都知道，一个被留下的老顾客所产生的价值，远远大于十个新顾客的。如果想长期绑定顾客，那就需要实行多品共进战略。如美妆类产品，如果企业只销售一款面膜，就很难把顾客留住，往往这类企业会再加上面霜、精华液、口红等产品，通过多方位的产品组合来满足顾客在"美"方面的全方位需求。

社交电商平台上往往会有几千甚至上万种产品供顾客选择，这种战略的好处一是产品品类齐全，企业可操作空间大；二是经营通路可以全部数字化，从而使企业运营专业，让一切有据可查。所以，很多企业一开始就往这个方向走，期待用科技来赋能。但往往失败率最高的也是社交电商平台。

这里有几点是很多企业家会忽略的。首先，你是否懂技术，或者你的股东层成员中是否有人懂技术运营。如果都不懂，哪怕聘请了技术非常厉害的员工，也十有八九会出现外行管内行或技术拖延的情况，从而导致无限返工现象。其次，你是否有足够的资金来开发社交电商平台。一套自有平台开发下来至少要 300 万元，这还不算后期运营、维护的费用。所以我建议大家：没做到 10 亿元的规模，就不要想着做平台。

（2）渠道层面

企业选择做社交新零售必须有一定的积累，不能真的从零开始。转型到社交新零售渠道的企业，其实都是有积累的。他们在之前的渠道无论做得如何，都会有一些沉淀。转型到社交新零售后企业往往有两种做法。有些企业铁了心做渠道革命，于是全面放弃线下，只做线上。因为线下怎么做怎么亏，且感觉越做越难，与其难受不如断掉，所以全面改革，把业务员都变成了经销商、合伙人。对于这类企业，我的建议是，即使全面放弃之前的渠道，也要把原有资源进行整合，并融入社交新零售。也有的企业线下做得不错，但是市场竞争也很大，一方面要与竞争对手博弈，另一方面要做市场增量，所以选择社交新零售渠道作为补充，线上线下双管齐下，这也是一种策略。

成熟的社交新零售企业，已经可以做到全渠道，即完全打通线上与线下的渠道，线下除了是一种售卖渠道，也是一个体验场所。线上除了是一个裂变式的社交展示场所，同样也可以进行线上销售，甚至在机场或高铁站开品牌小店、在品牌连锁店做产品货架陈列、开自营品牌小店、开放天猫或京东等电商渠道等。全渠道，将会为品牌加分，这是企业未来 2 到 3 年发力社交新零售的战略方案。尽管做了全渠道，但也应清楚认识到：在行业内，对于全渠道的社交新零售品牌来说，70%以上的营收还将来源于社交渠道。

（3）战略层面

结合产品与渠道的优势，我想大家应该能够找到自己企业当前的位置了。小而美，就把钱先赚到，把经验先积累起来。现在有一定的资金和资源实力，做大而全，把市场影响力做起来。现在有足够的沉淀，改造老盘，另起新盘，用资本来推动，采用顶部打法，把自己的品牌做成行业的顶端品牌，之后再融资上市。无论大家选择哪种战略，都应以适合自己为前提。

5.2 "未来"社交新零售蓝图

流量应该来自各个渠道，哪里是你擅长的，就从哪里获取流量。

在微商时代，有这样一句话：不是每一个店长都可以做微商，因为改变一个人很难。但是可以让微商去做店长。同样，在社交新零售时代，不是每一个老板都可以做社交新零售，但是每一个社交新零售从业者都可以做一次自己的老板。

流量的来源逻辑：把陌生人变成粉丝，把粉丝变成顾客，把顾客变成经销商，把经销商变成流量代言人，再去吸引更多的陌生人成为粉丝。

下图所示为一棵参天大树，形象地表达了企业未来做社交新零售的蓝图。

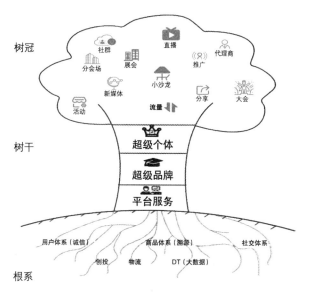

未来社交新零售蓝图

　　树冠部分为源源不断的流量入口，包括社群、会场、线下地推活动、直播平台、代理商、经销商、小聚会、小沙龙、网络推广、转发分享、行业大会……

　　树干部分为三段，分别是超级个体、超级品牌、超级平台。源源不断的流量"因人而入"，产品是人卖出去的，举办活动的人、发言人都将在未来成为连接品牌与流量之间的载体，我们把他们统称为超级个体。超级个体是品牌帮扶出来的社交渠道的优秀经销商，品牌可以打造出大量的超级个体，每个超级个体的背后都是数以百计、千计、万计的不同级别的社交渠道经销商。相对应的，与传统品牌相比，社交新零售的品牌将会成为社交化的超级品牌。而要成为超级品牌，必须要有平台服务做用户的沉淀、数据的管理与分析，从而催生出超级平台。

树根部分是平台服务的底层架构，包括用户体系、商品体系、社交体系、创投体系、物流体系与大数据的支撑。

这是未来社交新零售企业必备的战略架构。

5.3 社交新零售模式设计的 3 个重点

在社交新零售团队的驱动模式中，利益是不可忽视的重要因素。让团队的底层成员结为利益共同体，才能激发他们高昂的工作热情，让他们愿意为提升个人幸福感而努力。而想要打造坚实的底层利益共同体，仅有分配激励制度显然是不够的。

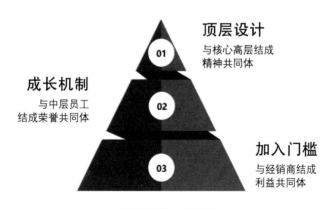

社交新零售模式设计要点

1. 加入门槛：与经销商结成利益共同体

下面是两家社交新零售品牌的不同运营模式。

　　A 品牌的管理者考虑到经销商中的新人较多，担心拉大收入差距会影响工作积极性，于是在制定分配利益政策时，只以个体为单位发放奖金并让大多数人的收入接近。结果，当经销商业绩整体良好时，每个人都能拿到不菲的奖金；而业绩不佳时，每个人的收入都有所下降。半年之后，经销商中开始出现相互埋怨的现象，不少人挂在嘴上的是："他和我拿的差不多，凭什么只压货给我？"就这样，原本销售业绩突出的经销商也懈怠下来，而成绩平庸的成员更没有多少动力。

　　B 品牌的管理者制定的分配政策与 A 截然不同。他事先说明，要发放给经销商的奖金公司全部保留一段时间，然后在内部按照小组和次级经销商进行二次分配。为了让分配合理，他不惜花费时间和精力做考核，这个月专门做次级经销商新品铺货的排名奖，下个月做优秀次级经销商的排名，再下个月做旺季销售排名。如果按照业绩总体考核，各次级经销商的收入差距并不大，但根据不同的项目进行考核，各个经销商及其下级的收入差距就被拉开了，再加上管理者事先说清了考核规则，并公开了各个经销商的业绩和奖惩计算过程，使得经销商团队中的所有人都受到了激励。

　　事实证明，社交新零售所有经销商所创造的利益必须有效捆绑底层成员，其中不可或缺的手段就是重新分配。重新分配的原则应该根据经销商团队的结构特点制定，将经销商相互捆绑在不同单元中。这样每个人不同的业绩、能力、态度、资源都会体现在不同的单元中。当成员结为这样的共同体后，他们不再是单兵作战，也不会想着混日子。

要想让利益驱动模式更加合理，社交新零售管理者应重点做好以下几个方面。

❑ **合理设置进货金额**：进货金额关系到经销商利益捆绑是否成功。金额过高会令经销商犹豫不决，无法加入利益共同体；金额过低又会让他们毫不在乎，随时可能脱离利益共同体。

❑ **给予经销商充分授权**：当社交新零售团队发展到一定规模之后，经销商团队也会随之增多。为了有效管理和引导这些经销商，品牌管理者必须适当授权给经销商的管理者，制定符合其内部管理机制的利益分配制度。

2. 成长机制：与中层员工结成荣誉共同体

荣誉驱动型模式是社交新零售运营模式的重要组成部分。管理者对中层员工采取荣誉激励的办法，促使他们形成共同体。社交新零售管理者应该充分了解和掌握与荣誉驱动有关的具体方法和措施。

中层员工是社交新零售企业内承上启下的关键群体，管理者应明确该人群的特殊性。一般而言，中层员工有一定的财务自由，他们不是仅为了赚钱而工作。

在能力和态度方面，中层员工通常表现得比底层经销商具有更强的主动性、积极性和创造性，工作经验也更丰富。他们通常有一定的职业积淀，并重视自己的荣誉。管理者要想获取他们的支持，就必须促使他们在共同的荣誉下结成共同体。

那么，什么是荣誉呢？从社交新零售的角度说，荣誉就是因为得到了客户或者组织的高评价，经销商、团队成员所产生的一种满足和被尊重的感觉，从而奋力进取。因此，在运营经销商体系中，管理者会经常利用物质和精神手段对工作表现突出、具有代表性的经销商给予不同形式的奖励，从而满足他们的荣誉感，促使他们迸发强大的能量。值得注意的是，荣誉授予如果不讲究方法，就无法产生对等的驱动力。

某品牌的奖励策略是，每月在企业内评选"优秀经销商"并发放现金奖励。最初，被选上的经销商感觉很光荣，在群里发红包，接受大家的祝贺，还会按照程序发表自己的感想和谢意。但几次评选之后有些不和谐的声音出现了：有人说单纯按照营销业绩评选优秀人员实在太不公平、不客观；也有人说优秀的经销商之所以优秀，是因为手下员工成熟，再加上配货政策的倾斜；还有人说自己总是在带新人、发掘新客户，当然怎么也得不到优秀……在悄然而起的议论声中，这样的荣誉评选活动似乎变味了。

类似的事情在许多品牌的运营中时有发生。与其说是中层员工的心态产生了问题，不如说是领导层对荣誉驱动模式的理解有失偏颇。

管理者应明白，在运营流程中，真正为经销商带来持久利润的往往并非某个人，而是集体。中层员工身为中坚力量，无论是推广宣传、建立品牌，还是客户引流、招商营销，他们和旗下的经销商团队都发挥了重大作用。因此，单一、直接的个人荣誉评选、发放和激励，不足以驱动整个中层的进步，反而有可能破坏他们和谐的工作氛围。换言之，只有让所有骨干员工都感受到集体荣誉，他们才能精诚合作。

下面这些面向中层集体激发荣誉感的办法，能更好地驱动整个经销商团队。

（1）满足被尊重的需求，创造集体荣誉感

低效的荣誉激励是通过满足某个人表面上的、短暂的被尊重感，从而激发其工作能力。高效的荣誉激励意味着按照每个人自身的特点尊重他们，让每个中层员工都能展现出独特秉性，并能将特点融入集体，从而使每个人在集体的大环境中自由发挥其天性。

某品牌建立了一个"最佳俱乐部"，中层员工完成一年的年度任务后，就会被批准成为该俱乐部的会员。每个会员和其家人都将被邀请参加隆重的聚会，享受美食、音乐，参与颁奖、合影，还可得到奖品。该经销商团队的中层员工都将获得"最佳俱乐部"会员资格作为第一目标，并期待从中分享集体荣誉。所有已加入"最佳俱乐部"的中层员工，相互产生了更深厚的私人情谊，在工作中有效地减少了沟通阻碍，提高了工作效率。

这样的方法可让中层成员在其各自团队的"纵向"工作领域中获取荣誉，更让其在"横向"工作领域中产生集体荣誉感，打破了团队壁垒，让社交新零售团队内部变得更加融洽、开放。

（2）公开肯定每个中层员工的贡献

从人的工作动机来看，每个人都希望获得肯定，都想争取荣誉。从社交新零售实践来看，中层员工更是团队的中流砥柱。因此，对于一些工作表现突出、具有代表性的先进中层员工，管理者应该给予必要的精神奖励。

值得注意的是，这种奖励不应该是独一性的、排他性的，而应该是可以同时进行的。例如，评出"服务卓越奖""团队引领奖""新人发掘奖"等，奖励那些在不同方面取得优秀工作业绩的人员，尽量让他们分享到荣誉。这样，同时获奖的中层员工会相互肯定和支持，并结成精神上的共同体。

（3）用统一的头衔和称呼

社交新零售管理者不要吝于为中层员工发放头衔和称呼，可以采取形式相近的荣誉称号，换来中层员工的认可感和归属感，激发他们的集体工作热情。

某社交新零售团队在一部分管理职务中实行"自由头衔制"，即按照统一格式自由分派职位、头衔，如"产品达人""服务达人""文案达人""培训达人"等。这些能够自由评选获取的头衔，很好地满足了中层员工的虚荣心，也能让他们感受到自己在所处团队的价值。类似的荣誉激励虽然不需要成本，却能营造浓厚的集体氛围。

（4）根据不同情况进行荣誉分配

荣誉类型过于集中，有可能在心理感受上给人"贬值"的感觉，最终导致驱动效果减弱。因此，管理者应该根据不同的情况进行荣誉分配。例如，可以分配实际职务，包括总监、经理等行政职位，也可以安排设计师、营销师等技术职称，还可以分配名誉，如××之星、××爱心大使、××技术标兵等，并根据荣誉级别，从服装、饰品上设立明显的标识。

此外，为了提升中层员工对集体荣誉感的认知，应充分利用集体仪式和活动。管理者应为中层员工举行加冕大会、分红大会、分享大会、隆重纪念日等，为了增强仪式感，还可以在团队办公地点人流量最多的地方悬挂获得荣誉者的照片。在企业内刊、社会媒体上，对获得荣誉的中层员工进行高调报道。

3. 顶层设计：与核心高层结成精神共同体

在社交新零售团队中，无论需要多少个基层经销商支撑，决定战略方向的只有寥寥数人。这些核心高层成员基本上已实现了财务自由，且具有良好的人际关系和丰富的社会资源。

与普通成员相比，他们更注重精神体验上的升华。要想让核心高层形成稳固的共同体，并团结一致带领团队发展，必须将共同的精神追求树立成旗帜。这正是社交新零售运营中的精神驱动型模式。

精神驱动型模式强调用共同的精神追求来统一领导层的想法与行动。例如，领导层应有共同的商业理念、相似的兴趣爱好、相近的道德标准等。总之，指引他们生活与工作的"道"应当是相同的，其人生观、世界观、价值观都应彼此包容接受、相互认可。这样，核心高层之间的合作将超越短期的经济利益，也超越虚荣心的满足，直接深入每个人的内心。

要想建立统一的精神共同体，高层管理者必须从节奏和约定两个方面着手改变思维。

（1）节奏思维

从自然到社会，再到每个人，整个世界都充满律动节奏。社交新零售高层必须了解：社会变化节奏决定了产业的发展或衰亡，决定了企业和品牌的大小和强弱，并影响企业家的思想意识。整个团队的管理者都必须清醒地捕捉社会变化的节奏，并对企业进步的节奏有清晰且一致的判断，只有这样他们才有可能在精神上形成共同体。

（2）约定思维

约定是人类组织运行的核心手段。所谓约定是指两个或两个以上独立自主的个体，用契约固定彼此的权利和义务，并共同建设组织、共同推进成长。在社交新零售团队中，高层的约定非常重要，它是凝聚组织核心的命脉，并能决定组织运行秩序。

在实际运营中，企业高层必须通过下列手段凸显约定，形成精神共同体。

❑ **约定纲领**。促成组织的文化体系，让每个管理者确认下面几个问题：我们在一起为了谁？为什么？怎样做？例如，某品牌社交新零售高层站在员工的角度思考"怎样的企业才能激活员工"，集体认同的答案是"必须把企业文化变成员工的个人文化"。最终落实的约定纲领内容为："让生活条件不太好的员工过上有尊严的生活，让能有基本生活条件的员工有存在感、归属感，让已经过上好生活的员工拥有精神体验。"

☐ **约定体制**。在良好的约定体制中，整个社交新零售团队的高层都应扮演设计者的角色，而其余成员都是被设计者。因此，在约定体制中设计者负有改造整个团队的责任，其中包括制定分配约定、管理约定、运营约定、奖惩约定、变化约定、退出约定等，这些约定应该经过全体高层的一致讨论并最终认同，形成体制，才能真正在工作中落实。通过遵循这些约定，高层可更好地管理团队，并确保所有人从中受益。

☐ **约定方向**。团队高层必须统一意见，明确未来的发展方向。首先要进行团队定位，即确定团队的目标，领导层应该参照社会、市场的发展节奏，确定团队定位。其次是发展方向，即根据团队定位规划团队的未来，确保内外资源支持到位。再次是核心资源，通过高层对资源的整体选择、协调和整合，支撑团队的发展，增强员工的成功信念。最后是约定发展战略，即对团队的发展目标进行分解，从而让团队成员能够将整体发展战略转化成个人战略。

☐ **自我约定**。自我约定意味着高层人员之间、高层与组织之间的关系约定。在这样的约定中，高层应明确自己的身份是创业导师，任务就是将自己工作和生活的智慧传递给经销商。只有形成这样的自我约定，社交新零售团队高层才会有一致的角色定位和行动指南。

|第6章| CHAPTER 6

社交新零售典型打法

微谷中国凭借在社交新零售领域 6 年深耕的经验，总结并画出了"社交新零售：超级品牌生产线"，并以这条生产线为纲领，打造出了众多的超级品牌。本章开篇用一张图帮大家读懂社交新零售超级品牌生产线。这张图可以让你知道，在超级品牌打造之路上，你从哪里来，你处在哪里，你要往哪里去。而本章则通过起盘、增盘、巩盘三个阶段为大家详细剖析超级品牌打造的过程。

6.1 社交新零售起盘三要素

社交新零售系统化运营的目标在于塑造独特的起盘模式。与传统零售模式不同，社交新零售模式极为看重品牌、产品、团队（这也是社交新零售起盘的三要素）三者合一的力量，从个人到团队提供的品牌驱动力，将让品牌价值在社交新零售运营中得到最大化释放与运用。

6.1.1 品牌：将品牌价值发挥到极致

品牌驱动模式的原动力来自品牌创始人与团队创始人个人品牌的打造，其打造过程分为两个部分。

1. 打造个人品牌

毫无疑问，创始人的个人形象决定着品牌形象。因此，创始人需要通过打造个人的影响力为未来团队的品牌价值奠定基础，其打造方法又分为自我打造和借力打造。

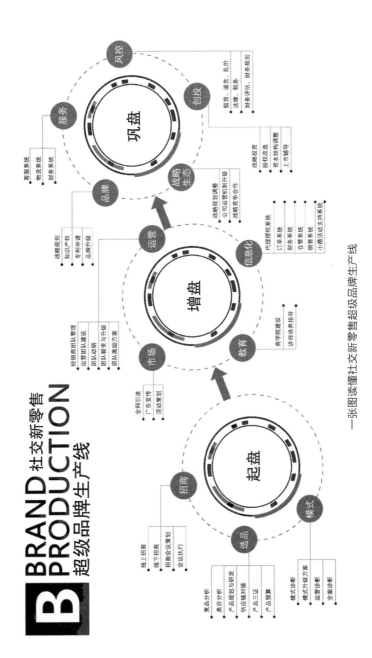

一张图读懂社交新零售超级品牌生产线

（1）自我打造

抓住自我与众不同的特点，侧重塑造个性化内容。大部分成功的团队管理者最初都是从微信朋友圈开始的，其中的内容都很有个性。例如，有人在朋友圈中发布的内容较为自恋，不但不令人反感，反而让人觉得可爱。

除了内容，形式也很重要。以微信为例，自我打造个人品牌需要注重形式的四要素。

第一，品牌名，可以是个人昵称，也可以是专业头衔、荣誉称号，如 × 教授、× 医生、×× 夫人等。

第二，品牌 Logo，适合展示在微信头像位置，Logo 图片应醒目清晰，突出能够代表品牌的图形和颜色。

第三，个人品牌广告语，可以是自己的座右铭，也可以是所领导团队的宣传用语，主要展示在微信签名的位置上。

第四，朋友圈相册封面，可以上传个人或团队最具代表性的照片。

此外，打造自我形象时也应突出角色的特色。采取"加法"的操作可以让特色更容易提炼和展现，例如，采用"年龄＋独特性"的模式，就可以是"爱学习的大叔""追赶时尚的老年人""励志独立的 90 后"等。

（2）借力打造

借力打造就是通过外部因素展示个人价值，建立特殊形象，从而使个人品牌更加立体丰满。

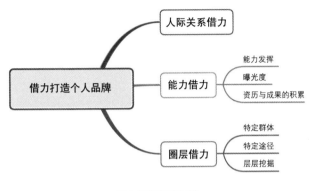

借力打造自我品牌

方法一：人际关系借力。 如某品牌创始人，通过有效建设和管理自己的人际关系，获得了某著名院士对其科研能力的认可，并正式成为其学生。随后，他以"院士学生"这个标签为核心打造个人品牌。人际关系借力的核心在于**"你是谁的谁"**。

方法二：能力借力。 某品牌创始人最初默默无闻，随后主动参与多项和产品有关的公益活动，用心帮助他人，并在活动中发挥自己的能力，不仅获得了越来越高的曝光度，还积累了经验。能力借力的实质在于**"你帮了别人什么"**。

方法三：圈层借力。 利用各种机会主动认识与产品、行业、市场有关的人，使自己能够充分融入其中，想办法通过互动来分享他们的价值，并提供对应的价值给他们。

对于圈层可以有以下简单的理解。

> ❑ 特定群体：有影响力的人有一定的权威性，能够让信息快速传达。
>
> ❑ 特定途径：各种互动、交流分享活动都是特定途径。
>
> ❑ 层层挖掘：挖掘特定个人或群体背后的人脉资源。

例如，某品牌创始人在打造团队之前就加入了当地的社交新零售创始人联盟，联盟中的人相互引流、分享资源，为联盟做贡献。该创始人通过这些人影响并吸引了更多的人关注他的事业。这种借力的重点在于**"你和谁在一起"**。

2. 打造团队品牌

团队品牌的建立，除了需要将创始人个人品牌发扬光大之外，还要通过鼓励团队成员模仿、追随、学习，完整地将个人品牌价值扩大为团队价值。在此过程中，最为重要的步骤是提升内涵和价值贡献。

提高团队品牌知名度离不开对团队内涵的提升。在建设团队的过程中，管理者必须将招商工作和粉丝引流融为一体。如某美妆达人在建设经销商团队的同时，也利用自身对美妆知识的了解对其他人进行义务辅导，最终一手打造出自己的铁杆粉丝群。这种群体不仅有共同的经济利益追求，还有共同的生活理念和审美追求。

内涵的提升还来自分享的内容。团队中的每个人都应该通过不断学习和实践积累来掌握自己可以分享出去的"干货"。比如，健康产品团队成员应该有独树一帜的养生理念；孕婴产品团队成员围绕育儿问题，都应该有专业的看法。有了"干货"，才能通过团队内部的交流来塑造团队品牌。

此外，团队内涵还包括集体道德思维的形成。在具体的运营过程中，管理者不能用刻板的标准来约束每位经销商，团队品牌的塑造离不开团队成员的自觉性。社交新零售团队只有具备统一的集体道德思维，才能形成高度一致的外化服务表现。

团队对外界贡献的价值越多，获得的良好评价就越多，品牌的说服力就越大。管理者除了应积极提倡分享精神之外，还要开辟渠道，让团队能在营销和服务的基础上向更多有需求的人群提供开放价值。例如，组织团队力量积极创造有价值的原创内容。这些内容不仅能够吸引关注，还能以此触动关注者，刺激他们的想象力，从中收获美感。

通过个人和团队两个层面的营造，社交新零售的品牌价值方能被最大化释放。当品牌成为凝聚管理者和参与者心智精力的财富之源后，社交新零售团队运营就能从中收获充分的驱动力量。

6.1.2　产品：凸显产品功能，赢得专利先机

无论何种商业模式，其核心都离不开产品。产品驱动型模式，意味着品牌需要选择具有特殊价值和功能的产品，构建有针对性的模式并加以营销，从中赢得市场竞争的先机。

要想具有充分的产品驱动能力，品牌不可轻视对产品的选择。事实上，选择什么样的产品，往往决定了选择什么样的营销模式，最终还可能会决定社交新零售渠道的发展走势。

1. 选择产品的 3 个思维

选择产品时，应重点注意以下思维要点。

（1）单品极致思维

在选择产品时，社交新零售应关注某一项单品是否能做到"极致"，即是否具有同类产品无法代替的价值，并因此形成"卖点"。

选择极致单品时，企业首先要把握好产品品质。品质优秀是形成极致单品的基础。品质不过硬，再好的包装和推广都无从发力。企业需要从原材料、加工过程、包装方式等各方面考察产品的生产过程，并拿到过硬的质量证明。

其次，极致单品要效果显著。企业挑选产品时，应倾向于功能可以被迅速验证的产品。例如，某眼贴在社交新零售领域的销售额达数亿元，但营销层面的成本投入并不多。其模式之所以成功，根本原因在于产品品质卓越，贴上 15 分钟后眼部舒适度就会有一定的改善，这种效果是客户在短时间内就能看到的，利于极致单品的形成和推广。

最后，极致单品面向的受众群体应足够大。没有任何一款极致单品是小众化的。能够提供强大驱动力的产品，必须能被尽可能多的人接受，即便是垂直类产品，也需要有充分的用户基数才能形成爆品。因此，企业不妨多选择和普通人衣食住行、身体健康、家庭生活有关的消耗型产品，一旦将之打造为极致单品，就会直接面向广泛的潜在受众，拥有更靠前的起跑线。

（2）高毛利，高复购率

在产品驱动模式中，面对激烈的竞争，企业不必单纯采取"薄利多销"的被动手段。相反，选择高毛利模式，专门做高价值产品，专门面向高贡献度客户，这样能让产品在营销体系中扮演主角。所谓高毛利，既可以是单品利润高，又可以是单个客户不断复购之后产生的总利润高。

因此，拥有高毛利、易消耗且需要不断复购的产品是打造产品驱动模式不可或缺的重要条件。

（3）低售后服务

售后服务越复杂的产品，越会分散社交新零售团队的精力。为客户解决问题、提供帮助和咨询，显然会增加运营成本。因此，在选择产品时，尽量挑选那些使用过程简单、效果争议小、质量不存在瑕疵的产品，这样可降低售后的压力和工作量。

通常情况下，日用品中，高消耗类产品与低损耗类产品相比，前者的售后服务相对较少；食品中，预包装类产品与生鲜散装类产品相比，前者的售后服务相对较为简单。把握这个原则，更有利于选取驱动力强的产品。

关于起盘时的产品选择，可参考以下"七星选品法"，了解在社交营销渠道中哪些类型的产品更适合：大众消费品，刚需、类刚需或者新奇特产品，高复购率产品，高毛利产品，功效强、见效快的产品，不可代替性强的产品，品牌力强的产品。

2. 起盘阶段选品的 3 大策略

选品就是选方向，除掌握上述原则之外，构建产品驱动模式时也不应忽视下面的选择策略。

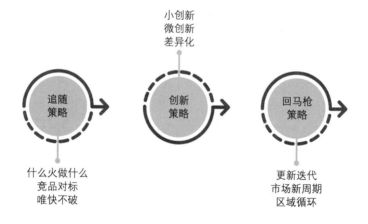

（1）追随策略

不少社交新零售渠道中的新品牌，面临的问题不是如何壮大，而是如何走出正确的第一步。在这一阶段，产品的驱动模式可以重点采取追随策略，站在行业先行者的肩膀上，建立后发优势。

企业应该仔细观察市场，发掘所在城市、地区的成功先例，总结这些成功团队经营的产品的特质，并根据表现明显的特质挑选自己要研发或引进的产品。一般而言，追随策略能够保证社交新零售团队度过最初的生存压力期，并获得必要的发展资源，而要想有发展壮大，需要采用更多策略。

- ❏ 追随策略关键词：什么火做什么、合并梦想、追随、竞品对标，唯快不破。
- ❏ 追随策略适合谁：要有资源、要有团队、要有足够多的资金投入。
- ❏ 追随策略好处：经销商与消费者都被市场教育好了。

（2）创新策略

许多企业和团队对自己的产品很有信心，但看不到以下事实：产品提供的根本驱动力不在于其品质特征，而在于必要的差异化。诸如普通面膜、减肥贴等，数十万名竞争者在销售功能类似的东西，众多经销商选择刷屏或者降价叫卖，同质化产生的压力显然是难以避免的。

为此，企业必须努力避开"红海"，放弃那些缺少新鲜感和独特性的产品，寻求突破，将驱动力的源泉集中在垂直细分市场上。其策略是选择竞争对手难以复制的、市场上稀缺的产品。最好选择能够自主开发设计、生产加工的产品，形成自有品牌。如果条件不具备，应该选择由供应商独家授权经销的产品。

此外，对"普及型产品"进行品类创新，也是制造差异化、超越竞争对手的良策。比如，某企业通过技术革新，将自产的牙膏定价在 100 元左右，但一年内销量达 500 万支，原因在于其对牙膏进行了品类创新，以"专业医生团队建议选用"为竞争优势，让产品超越普通儿童牙膏，从低价竞争的红海中走了出来。再如，某品牌仅做面膜单品，但另一个品牌在单品的基础上加上护肤霜和护理液组成了套装，利润和销量都大幅度增加。

- ❏ 创新策略关键词：小创新、微创新、差异化。
- ❏ 创新策略适合谁：营销型公司、优质的供应链。
- ❏ 创新策略好处：做成之后可以成为细分领域第一名。

（3）回马枪策略

这一策略是指当企业具备应有的资源（如生产技术、品牌知名度、推广渠道）之后，在现有成熟的社交新零售领域推广"普及型"产品的新特质，从而引发变革，带动新一轮竞争的策略。例如，卫生巾原本是社交新零售市场中已经非常成熟的产品，但某品牌团队巧妙引入健康卫生棉制造的产品，以国际化、运动化、功能化的理念推广该产品，取得了很好的营销效果。可见，并非所有的成熟市场都是毫无新意的。

值得强调的是，在采取回马枪策略时，企业如果掌握了产品的上游环节，还可以主动出击，进行专利申报。事实证明，专利申报能够让产品拥有过硬的说服力、强大的创新形象。无论是在宣传推广中，还是在售后服务中，向客户展示专利资质，总能让他们切身感受到产品的价值。一张薄薄的专利证书，很有可能带来大量的关注。

- ❑ 回马枪策略关键词：更新迭代、市场新周期、区域循环。
- ❑ 回马枪策略适合谁：稳健型企业。
- ❑ 回马枪策略好处：经过前期的教育，市场已经足够成熟，经过一段时间的沉淀，又会有新的周期。

3. 增盘过程的"3+4"产品规划法

所谓的"3+4"产品就是指要包括 3 类产品，并配合 4 季变化。

	销量高	销量低
利润高	明星产品 ←	金牛产品
利润低	引流产品 →	问题产品
春	夏　　秋	冬

（1）"3"就是 3 类产品

首先需要明确，产品实际有 4 类。

- ❑ 金牛产品：当一个新品刚出来的时候一定是高利润、低销量的。
- ❑ 明星产品：随着推广的增加，销量逐渐提高。
- ❑ 引流产品：后续产品附加价值不断提高，利润相对降低。
- ❑ 问题产品：到了一定时间，开始出现问题（时代需求、大众需求、更新迭代）。

任何一款产品都有这样的生命周期，所以我们要学会淘汰产品，不断地迭代产品，而且不要等到了产品的生命周期后期阶段再去迭代。所以，我们只要前 3 类产品，尤其是明星产品，要不断迭代升级。注意，产品的升级方向要紧跟国际流行趋势。

社交新零售时代，消费者有时候买的不是产品、不是功能，而是尊贵感，是标识，是存在感，是新鲜度。社交新零售的优势是传播的高效性，在营销方法上还有很大的欠缺，而营销正是传统企业的优势。

（2）"4"就是四季

消费者喜新厌旧、追求个性，所以产品要迎合这样的趋势。可根据季节的不同推出不同的产品，比如季节爆款要与营销方法相匹配。

- **什么时间上新品？**没有绝对的标准，通常要在产品最好的时候上新品。但如果是存货模式，上新品会压得喘不过气。上新品要留出足够的后期市场时间，以便把握节奏。要根据自己产品的淡旺季以及市场的节点选择上市时间。
- **什么方式上新品？**可以做阶段性的内部起盘，即经销商同级别门槛平移或者经销商自动补货；也可以通过对自身经营进行分析，再决定是否另外启动新产品模式，进行外部起盘。
- **什么方法上新品？**可参考本章后半部分的内容，即社交新零售起盘、增盘、巩盘三阶段的打法。

4. 造品

如何打造爆品？需要根据不同的客户群体进行分析。

- 中老年客户群体：要按需求打造。
- 品质型客户群体：要按品牌打造。
- 年轻态客户群体：要按喜好打造。

企业要思考用户会在什么场景下看到产品。能吸引客户眼球的才是好产品。我们也要从产品的卖点、卖相、卖价三个角度去思考如何吸引客户眼球。

- **卖点**：卖点是市场营销的前哨，是市场营销的突破口。所谓卖点，其实就是一个消费理由，最佳的卖点即为最强有力的消费理由。对消费者来说，卖点是产品满足目标受众的需求点。对厂家来说，卖点是产品引爆市场的引爆点。而对于产品自身来说，卖点是产品自身存在于市场的理由。

- **卖相**：卖相是什么？卖相，即产品的颜值。明明可以靠颜值，就不要靠内涵，社交新零售的性质决定了产品只能用 1 秒的时间抓住消费者眼球，即眼球经济。产品必须自带闪光灯。只有先吸引了消费者，才有机会被其了解内涵。对于**卖相的要求是"产品会说话"，产品能够自传播**。对卖相的内涵如果想有更深理解，可以回忆一下自己曾经走进奢侈品专卖店的场景，产品的相、场景的相、服务人员的相……

- **卖价**：常规逻辑是"成本＋流通＋……＝价格"。社交新零售有很多奇特的价格，比如 199、198、168、128、98、58、298、398。社交新零售的定价逻辑是，先按市场需求定好价格，再思考做什么样的商品。关于定价策略，前面章节有专门介绍，这里不再赘述。

对选品、上品、造品部分的总结如下。

- ❑ 针对没起盘的企业：不要跨行业，要做与自己优势相符的。一定要想好如何快速融入社交新零售。
- ❑ 针对刚起盘的企业：攻破卖点、卖相、卖价。
- ❑ 针对运营了一段时间的社交新零售项目：精细化运营，优化产品结构，通过产品来拉动新的经销商。
- ❑ 针对跨品类的处于老盘阶段的企业：做切分，即找出主要的长线产品进行品牌打造，剩下的产品让其慢慢消亡。另外，要用系统锁定流量，前提是企业有运营平台的能力，有管理社群的能力。

6.1.3　团队：激发创业动力，化解行动阻力

没有团队（社交渠道经销商）就无法进行社交新零售。凝聚一群人的力量，可以创造出前所未有的奇迹，打造出难以战胜的社交新零售品牌。管理者如何将这群人变成战无不胜的团队？答案是：**激发创业动力，化解行动阻力。**

1. 主流方法

（1）引爆成员的创业动力，让他们清楚地意识到自己的目标。团队管理者要求成员完成下面的任务。

- ❑ 详细写出自己创业的主要目标，并列出期待完成的时间点，以便促使自己按时完成。
- ❑ 写出自己在未来工作中的 6 点优势。

❑ 写出每天必须做的事情。

❑ 随时随地收集自己关于工作或生活的所有想法。

此外，针对不同成员，管理者还提出了不同要求。例如，针对性格懒散的经销商，管理者要求其将目标形成多个条款并写在朋友圈中，并主动宣布接受朋友的监督。针对内向的经销商，管理者要求他们找到支持的人或群体，以他们能够接受的方式督促自己达到每天的目标。

正是这些措施使团队成员的创业动力被有效激发，与刚加入团队时不同，此时他们清楚自己想要什么，更希望通过成功创业达到目标。

（2）**克服有可能出现的行动阻力**。品牌管理者针对经销商管理的微信群中的人员特点，与他们进行单独沟通。

❑ 管理者要求每位经销商在群内交流时传播积极上进的正能量，拒绝消极的负能量。

❑ 管理者每天在群中发布积极语录，如"期待每天的阳光，等候每个人的笑容，你的心态会越来越好，离成功会越来越近""人生不能靠心情活着，而要靠心生活""你的选择是做或不做，但不做就永远不会有机会"……这些语句会引发经销商的学习和讨论，可以很好地改善群内的氛围，消除有可能出现的阻力。

通过上述方法，社交新零售团队的工作气氛积极向上，每个成员的心态良好。他们不仅在营销中能够相互配合、监督、促进，在平时也相处融洽，经常一起讨论产品、研讨方法。可以确认，正是良好的团队凝聚力开拓了社交新零售品牌的成功大道。

团队的驱动力正是"人"的作用力。当一个人身处积极的团队中，就会在不知不觉中被改变，从而发挥自己原本想象不到的潜力。同样，当一个社交新零售团队拥有了成百上千位这样的成员，就能够通过精神力量，弥补原本在资源、产品、渠道、客户等方面的不足。

2. 其他方法

打造和建设团队非一日之功，除了激发动力、克服阻力，管理者还应该从多方面着手，让每个成员和团队一起变得更加强大。

（1）扶持榜样

榜样的力量是无穷的，如果群里缺乏典型的先进人物，就会死气沉沉。为此，社交新零售管理者应该多关注那些业绩突出、能力较强同时影响力较大的经销商。可以通过政策倾斜、客源分配、业务指导等方式，私下多维护、多沟通，使其受益，并让他成为其他人眼中的精英。随后，要求他们有事多在微信群及线下公开讨论，从而成为他人的榜样，带动那些"沉默的新人"一起进步。

在一个团队中，重点扶持的榜样数量应设定为总人数的20%。这个比例能够保证由精英带动和感染其他成员，并确保团队业绩整体上升。如果人数小于该比例，可能会出现榜样说服力不够的情况；如果人数大于该比例，就会导致扶持力度过于分散，浪费管理成本。

（2）奖罚分明

"慈不掌兵"，如果说社交新零售竞争是一场无形的战争，那么建设团队就如同锻造一支强悍的军队。管理者要想让每个士兵都做到能攻善守，在平时训练中就必须做到令行禁止、奖罚分明。

在实际管理过程中，团队管理者应制定简明扼要的制度，用以约束团队成员。应列举并公布所有鼓励做到的事情，如主动服务、及时反馈、集体讨论、分享收获等，并将能得到的奖励公之于众；同时，也应列举并公布所有禁止做的事项，如扰乱价格等，并说明违背之后会受到的处罚。制度发布之后，在团队运营过程中应设立专门的稽查人员，及时发现、查处各级经销商违背制度的行为，给予必要的经济处罚并公布，严重者可以开除。与此同时，还应设立足够数量的奖项，如"主动服务奖""最佳销量奖""最佳新人奖"等。这些奖项配合团队的分红奖励政策，能够让努力工作的成员受到鼓励，从而激发他们进一步创业的热情。总之，对团队成员必须奖惩分明。奖励要产生令人发自内心感激的效果，惩罚也要形成令人不敢触犯底线的氛围。这样团队的力量方能有效统一。

（3）适当加压

团队的管理者应懂得适当利用压力，对员工个人和集体进行刺激，推动他们爆发潜力。除了最容易让人感受到的经济利益压力外，管理者更应该借用团队能量、社交氛围、人际关系、周边评价等，形成精神层面的促进力量。

可以要求员工将自己打算实现的目标数量化，然后将数字公布在朋友圈或微信群中。某团队员工公布的目标如下。

2019 年 4 月 30 日，我在此向公众承诺 5 月份的 3 个目标：

❑ 带货 3000 件；
❑ 带出两个地区以上级别的经销商；
❑ 至少增加 500 个微信好友。

在目标下面还可以附上见证人，如"某团队的每位朋友和我团队的所有经销商"。

此外还应包括自己设定的奖惩办法，如"如果上述成绩按规定完成，奖励自己一次旅游，目的地是三亚。如果不能完成任务，罚一次跑步 10 千米，外加给团队的所有经销商每人发 66.66 元红包"。

通过类似的公众承诺，团队成员会感受到数字化目标带来的行动力。为了维护自己的"面子"，他们会迸发强大的工作动力，设法克服各种困难。

（4）演讲能力

管理者应该不断练习演讲。只是简单地读稿子很难打动员工。只有形成独特的气场，拥有可以催人泪下或激人奋进的演讲能力，才能确保经销商在聆听课程培训之后拥有强烈的进取欲望。

（5）适当压货

团队成员学会出货很重要，而管理者也应该采取正确的方式"压货"。这是因为经销商一旦手头有货，就会感受到压力，无论是经济上还是业绩上。这样的压力会让他们产生源源不断的动力和干劲。

管理者可以采取多种方法压货。例如，对于新经销商，按级别或存货的门槛将一定数量的产品交到他们手中，使他们清楚销售任务，这既能促进新人迅速成长，也能检验他们的能力。对于业绩一直较好的经销商，可以用经销商业绩 PK 的方式，让优秀的经销商变得更卓越。

当然，提供动力、化解阻力都只是手段而非目的。无论何种方法，都应该建立在对团队成员的关爱之上。管理者既应该让团队成员感受到动力的强大，又应该让其看到获得成功的可能。这样他们才会对自己的能力和成绩有充分的期待。

6.2　社交新零售起盘、增盘、巩盘三阶段打法

社交新零售模式要发挥作用，仅有好产品还远远不够。要想建立高效的团队来执行制度和政策，同时实现产品价值，就要设计好不同阶段的模式和玩法。

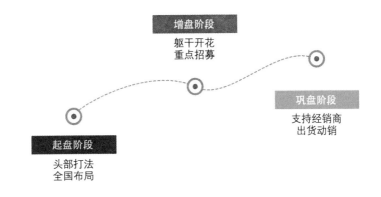

6.2.1 起盘阶段：头部打法，全国布局

通过起盘，社交新零售能实现全国各个区域一盘棋的良好运营局面，这样才能确保每个人都充分且积极地完成本职工作。

下面介绍某美妆品牌的面膜产品的起盘过程。首先，我们来看看该社交新零售品牌策划团队的产品定位、卖点提炼工作。其产品包括以下 3 个亮点。

- ❑ 包装上国际范。邀请了著名设计师对产品包装进行精美策划，以求打造良好的外观形象。
- ❑ 品牌营销主打多肽生物纤维概念。整体概念比较接地气，理论上也讲得通。生物纤维技术非常成熟，其功能价值和先进特点已经获得了市场的认可，而多肽技术也相当受瞩目，两者结合方能抓住经销商和客户的心。
- ❑ 在使用方法上进行创新。普通面膜的使用方法是直接贴在脸上，而该面膜要求先在脸上涂抹配备的肌底液，然后再贴面膜，肌底液是随产品附送的。这样的创新能够让品牌文化接受者感到新奇，并从中看到未来的市场潜力。

开始建立总经销商团队时，该企业将注意力主要集中在重点经销商身上，从一款免费社交 K 歌手机应用平台上直接挖掘了来自全国不同省份的女性网络红人，并一对一私聊沟通，将有意向的网红转换成为经销商，从而使产品有了强有力的信用背书。而这些网络红人也有非常好的女性粉丝基础，基本上都是面膜的潜在用户。这样，在招商会开始之前，整个社交新零售模式的"头部"就构筑完成了。

构筑"头部"是社交新零售模式起盘运行时必要的过程。常见的操作注意事项包括下面几点。

1. 开放总经销商资格

起盘意味着招募极少数的总经销商，可以有如下两种方法。

- ☐ 不对外公开总经销商资格。当经销商的业绩发展到一定程度时，才能经过考核开放相应级别。这样做的好处是，后期能够刺激经销商整体升级，或吸引更多有潜力的经销商加入。
- ☐ 直接招募。前面的案例使用了该方法，直接在全国范围内招募总经销商，直接从最高等级经销商开始招募。这种做法的好处是，能够迅速吸引有大量粉丝和经销商资源的人加入。

2. 设置招募过程

在第一轮招募中，只招收总经销商。周期可以设置为 15～20 天，并进行限时特价活动。在活动结束后，恢复原价，结束总经销商的招募。

在招募总经销商的过程中，应将全国市场分为几大"战区"，尽量做到均衡发展。如某品牌起盘时，将全国分为东北、华北、华中、华南、华东、西北、西南七大区域，每个区域最多只招收两名总经销商。事实证明，这样的划分保证了对总经销商的吸引力。

此外，还应对总经销商进行一次性推荐奖励，刺激他们主动推荐其他经销商加入。例如，在 15 天内，总经销商推荐了另一区域的总经销商加入，企业就一次性对推荐者给予某种奖励。

3.明确招募标准

招募总经销商时既要找准对象，又要使用正确的方法。优秀的总经销商应当具有下面的特质。

- ❑ **最好同社交新零售企业管理者或其他总经销商非常熟悉。**这样就能确保相互尊重和信任，以便更真诚地进行沟通。如果曾经共事过，那么就会了解对方的工作风格和节奏，从而确保高的工作效率。
- ❑ **个人特点不重叠。**在社交新零售起盘时，通常只会有一件产品。如果招收的总经销商在特点上有所重叠，很可能导致分工不明确、意见不统一。不妨本着互补的原则，招收专业技能、人际资源、工作范畴各不相同的总经销商。
- ❑ **分配好权力角色。**在社交新零售起盘时，决策的出炉非常重要。为此，核心领导层必须明确权力角色，即谁能够对整个项目发号施令、如何做出最终决定。具体采用何种形式，可以根据产品特点、资源提供情况而定，但必须获得每个总经销商的同意。

6.2.2　增盘阶段：躯干开花，重点招募

完成"头部"构筑后，社交新零售的运营重点应转入增盘阶段，即强调"躯干"开花，重点招募中间层经销商。在这一阶段，应通过招商形式，结合招商发布会现场情形，以"卡位"形式着重招募区域经销商。

通过招商会"卡位"活动，品牌的经销商团队能够实现迅速增盘，打造出坚实有力的经销商团队。增盘效果如何决定社交新零售项目未来进展的空间大小，需要重点注意以下事项。

1. 抓住核心点

增盘过程的核心点是招募更多的经销商。因此，应该向招募对象强调企业会重点培养和扶持他们，并给他们大量的可辅助成长的资源。这样才能让他们相信，得到的"卡位"机会既能让他们在未来的运营中赚到钱，又能由企业担负先期的风险。

抓住这样的核心点，增盘过程才能让社交新零售模式具有诱惑力，同时确保安全。

2. 突出卡位的权益

企业要想积极动员经销商"卡位"，成为优秀经销商，就应该重点描述他们可能获得的权益。例如，列举他们加入项目后能够获得的品牌优势、资源优势、学习成长优势、未来发展空间、形象包装等。

3. 突出优惠、体现紧迫

在宣传过程中，既要体现一定时期的优惠内容，又要体现时

间的紧迫性。一般而言，活动应限制在 15～45 天。要向招募对象强调时间短促，激发他们的竞争意识。

从总体上看，企业增盘必须在"卡位"期间体现优惠政策前所未有，并告知大家以后不会再开放。向招募对象展示机会的稀缺性、企业的扶持力度，会提高意向者的参与动力。

6.2.3 巩盘阶段：支持经销商出货动销

完成"头部"和"躯干"的模式构筑后，社交新零售项目进入巩盘阶段。在这一阶段，中期的"卡位"应宣告结束，要由负责各个经销商的管理者通过对具体政策的帮扶、营销技术的指导、培训课程的开展等手段，帮助成员们出货。

在巩盘阶段，企业应通过下列措施维护经销商团队。

1. 做好横向裂变

在"躯干"阶段，采用的抢卡位、降门槛、限制时间、提供特权等手段，都是为了刺激经销商的纵向裂变。到巩盘阶段，则要注重团队成员的横向裂变。

2. 培养经销商的积极心态

在巩盘阶段，企业要想让底层经销商专注于升级，就应通过培训、微信沟通、电话沟通等方式培养他们的积极心态。

企业可以准备一些积极鼓励的方式，以便在不同场合使用。当然，各类激励应根据对象的具体特点而定。可以根据团队成员的性格类型、营销业绩、实际困难选择不同的激励方式，加快巩盘的速度。

3. 利用"343"法则

"343"法则是指团队中 30% 的人业绩高、能力强且升级动力充足；40% 的人表现中庸，属于可以挖掘潜力的群体；30% 的人相对落后，很难提高业绩，升级动力不够。

在巩盘阶段打造团队时，应该重点扶持中间那 40% 的人，发挥他们的长处，进而对前 30% 造成压力，同时鼓励后 30% 的成员。这样，整个团队就能永远保持内部的活跃度，让所有人保持充分的竞争感、紧迫感。

第7章│CHAPTER7

社交新零售风险控制

在社交新零售高速发展的过程中，一定伴随着很多的问题，众多问题当中，乱价肯定是每个品牌都头痛的问题，也是最常见的问题。

7.1　乱价风险

市场乱价的起源是什么？又应该如何去治理乱价问题？

首先我们来定义一下乱价。乱价是指品牌的经销商未按照品牌统一规定的零售价、经销商价和促销价格对消费者或者经销商进行销卖，而是采用低于或者高于统一价格进行零售或者批发的现象和行为。乱价有几种类型，不同类型的乱价带来的影响和后果也不相同。

7.1.1　不同场景下的乱价

乱价可以分为下面八个类型：零售型低价、招商型低价、活动型低价、套利型低价、倾销型低价、假货型低价、恶意竞争型低价、品牌自杀式乱价。

1.零售型低价

无论是农村集市、线下门店，还是电商，商品的价格都会随着市场情况的变化而变化。菜市场的菜，早晨和晚上的价格就不一样；服装店的同一款服装，刚上市时和换季促销时的价格差距会非常大；电商的各种特价、优惠券和红包，对价格的影响也很大。从本质上来说，除非所有产品都通过店铺直营，像便利店一样对价格严格管理，不然品牌方给的指导价对于终端的价格来说真的只能有指导作用。品牌方没有任何方法有效管控价格，即使品牌方可以通过自建 APP 或者小程序与商品和用户直接接触，也无法避免小经销商采用其他方式乱价，比如一人多号运营、私下返红包等。

2. 招商型低价

经销商的每个层级有明确的拿货量、进货价、差价和返利，如果品牌方把经销商表全部公开给经销商看，经销商知道上级有多少利润，他们就会找多个上级，看谁愿意让利，或者看谁能够给他们带来成长，然后他们就选择跟谁。招募经销商时，比较好的方式就是先询问他是否做过经销商，对于社交新零售是抱着兼职试试的想法，还是想将其当作一门生意认真做。还要弄清楚他有多少预算资金，过去的销售量和团队人数是多少。问明白这些情况后，再为他推荐适合他的级别。在这个过程中，你和他之间就会彼此了解和信任，他就不会去比价了。毕竟对于社交新零售来说，熟悉度和信任感要比价格优惠更重要。如果上级经销商能力不行，不能帮下级经销商成长，不能教会其销售技巧，那么不仅会导致下级经销商卖不出去货，招不到经销商，还会浪费其宝贵的时间和精力。

3. 活动型低价

不管是哪个品牌，都会选择做一些促销活动。有时品牌没有促销活动，经销商会自费在小范围内做自己的活动，比如美妆行业的产品线比较多，买精华、眼霜送口红或者防晒霜，这种情况非常普遍。但是从品牌价值感和品牌印象的角度来说，最好不要拿自己家的产品来送客户，这样会在客户的心中产生一种认知：这个品牌的东西不值钱。

如果要送礼，最好选择跨行业的产品，春天可以送项链、送充电宝，夏天送杯子、帽子、墨镜、小电扇，秋天送小背包、小收纳盒，冬天送围巾或者皮裤。很多时候，因为品牌方的产品促销太频繁，客户养成了平时不买，非要等到有折扣时才买的习惯。有些经销商也被带出这样的毛病，没有优惠和赠品就卖不出去东西。

4. 套利型低价

很多品牌为了激励经销商去拉外面的团队，设计了很高的返利。这些产品往往低价高频，比如纸尿裤，同质化比较严重，利润总体比较低，经销商维护起来也比较费力。有些经销商就是原价进原价卖，然后自己利用两个授权，快速走量套返利。品牌方应定时检查高级经销商身份的真实性、进货行为、销量和新进经销商数量之间的比例。

5. 倾销型低价

做生意，有合作就会有分开，任何生意都需要有一定的条件，如知识、能力、人脉，最重要的是投入足够的时间才能做好。很多人听说社交新零售赚钱，没仔细了解，也没弄清楚社交新零售的门道，就盲目冲进来了，不会发朋友圈，不会引流，不会沟通成交，搞不清楚模式，更不会管理团队，这怎么可能成功？其中一些经销商因扛不住压力，就想着低价把手里的货清了，把本钱收回来，这就会出现倾销低价。

6. 假货型低价

假货为什么便宜？因为假货成本低，不用付出品牌宣传费用，更没有高价的原材料和制作成本。社交新零售行业也难免有假货之烦恼，甚至有些品牌火爆的原因就在于背后有一群假货商贩的默默助推。假货发行有几种情况。

- ❑ 在大型物流市场中分发。
- ❑ 经销商办正牌授权，卖假货赚钱。
- ❑ 品牌方一面出货给经销商，一面又给物流市场放假货。
- ❑ 工厂没有签署排他协议，私自增加生产量，并发往市场或者经销商。

7. 恶意竞争型低价

每个火爆的品牌背后都有无数个竞争对手，社交新零售与传统生意或者电商相比，最大区别就在于，传统生意是同业竞争，比如服装店和服装店竞争、化妆品店和化妆品店竞争，而社交新零售行业是大美妆、大健康、大针织、大日化、大母婴……全行业竞争，比如把美妆品牌的团队挖走大半的可能是大健康品牌，也可能是母婴品牌。一旦一个品牌的团队被某个强大的竞争对手挖走，因此带来的乱价是雪崩式的，品牌却没有办法应对，只能等待事件过去，再重新选择产品，组建团队。对于品牌方来说，这相当于重新起盘。

8. 品牌自杀式低价

社交新零售的趋势是一波接一波，每年火爆的品类都不同，每年都会有新品牌起来，也有老品牌倒下。当然也有品牌及时转型了，从美妆转到大健康，从大健康再转到平台。每一次转换品类的时候，品牌方都会把老产品的库存处理掉，原来 158 元 1 盒的奶皂，现在 100 元 3 盒；原来 198 元的按摩霜，现在 15 元包邮；以前 158 元的漱口水，现在只要买某款化妆品就送两瓶。

上面就是社交新零售行业乱价的 8 个类型。前面 4 种可以通过调整模式、分阶段招商、加强培训、扩大引流、建立信息化系统、外部协助来有效控制；后面的 4 种出现后，基本上都是难以挽回的。接下来，我们从不同维度分析社交新零售乱价现象形成的原因和治理的办法。

7.1.2　乱价的形成原因及治理办法

下面先对一个乱价的情景进行简单还原，然后再根据不同情况介绍品牌方应该采取什么样的治理办法。

1. 产品同质化

乱价的第一个原因一定是产品的同质化，80% 的社交新零售产品是没有技术壁垒和品牌壁垒的，更没有商业模式的区别。同质化导致销售困难、招商缓慢。

治理办法

产品有了差异和真正的技术含量，才能有足够的市场地位、市场份额和强大的溢价能力、盈利能力。企业应加强自己的创新能力。

2. 从业人员门槛低

乱价的第二大原因是经销商的门槛太低。为什么百货大厦的店铺都干干净净，而大排档的店铺就相对差些？因为它们进入的门槛不同。大排档门槛太低，导致其不重视这个生意。如果加入门槛不是这么低，而是像传统店铺一样需要租金、装修费、加盟费、管理费，那它就一定会更好。社交新零售行业也一样，若门槛足够高，就没人敢乱价。为什么市中心没人敢乱停车，而在郊区就会更随意？区别就在于有没有人管。乱价会不会有严重后果，会不会带来经济损失、名誉损失和机会损失，也看是否有人管。

治理办法

- ❏ 从代理商招募阶段开始就严格规定经营门槛，在资金、资源及经销商的行业属性等方面进行匹配。
- ❏ 加强教育，设定阶段化的分层培训，经培训后通过考核机制来确定经销商的级别和市场。

3. 老板太急功近利

每一个乱价的品牌背后都有一个只会收钱不会帮经销商出货的老板。管别人很难，管自己更难。起盘的时候，老板是否严格审核每个高级别经销商的资金承受能力、招商卖货能力和团队管理能力？很多老板是给钱就收，不管对方到底有没有能力做他的最高级别经销商，甚至明明知道对方只会做爆款，本身就是一个乱价大王，他也会收进来。可想而知，在这样的老板带领下，市场最后怎么能不乱？

治理办法

企业在股东层面需要树立向下学习的理念，除了了解顾客对产品的需求，更要了解经销商的诉求。社交新零售是将心比心，以付出换信任的事业。了解一线的情况，步步为营，稳扎稳打，是在社交新零售领域成功的基础。

4.模式设计不合理，注重短期激励，不注重长期激励

社交新零售领域最独特的地方就是模式，而模式最有吸引力的地方就是裂变。如果差价建立在层级基础上，需要注意每个层级的差价幅度是否合理，要均衡考虑品牌方、大经销商、中经销商、小经销商和消费者各自的利益，比如零售利润定为多少合适，批发利润定为多少合适，返利定为多少合适，年度分红定为多少。大级别的经销商有返利的吸引，返利隔月发，那么他就不会为了零售和批发的利润去冒风险，丢了自己的返利。当品牌方的年度分红比较多的时候，老经销商就不会中途放弃、换品牌或者不做社交新零售，他会坚持下去。

治理办法

参考同行业模式，但不能仅落实到一张政策表格上，好的模式背后都会有各种激励策略和不会写在政策表格上的策略背后的思考。为了得到专业模式，可以向专业的模式设计咨询公司请教，并邀请其共同设计。在经营层面多角度反复推敲、修正后，

模式才可以推向市场，之后还需要不断验证和优化。

5. 团队老大没有尽到教育指导和监督检查的责任

一些经销商在刚被招募进来时都会全力以赴地工作，但过一段时间后就变成全力应付。这往往是因为品牌方没有把产品知识、模式制度、群管理制度、各个方面的信息传达到位。只有经常和经销商沟通，了解他们的心理状况、家庭情况、能力以及他们的迷茫和问题，并帮他们逐一解决问题，然后经常检查督促他们添加新流量、做售后、谈经销商，他们才会有进步，才会有结果。

治理办法

企业建立督导小组或相关部门紧盯各级经销商的目标与执行情况，设立奖惩办法及激励机制，并进行公示。

6. 招商的时间、人群和政策设计不合理

若招来的经销商本身就缺乏诚信、能力不足且喜欢投机取巧，想不乱都难。若在招经销商时注重筛选，把那些守规则、资源好、想干事业、想赚钱、积极主动、学习能力和执行力都强的经销商招进自己的队伍，那么出现乱价的可能性就会低很多。

还有很多品牌方在招商的时候没有一个合理的时间规划，比如起盘还没几天，就让大经销商去做零售；有些则起盘半年了，公司还天天想着对外招收大经销商。其实招商的过程就是一个把货物和信息往下传递的过程。

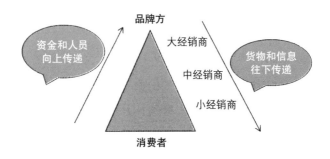

治理办法

招募大经销商只需要 1~2 个月，数量控制在 100 以内是比较合理的；招募中级经销商应持续 3~6 个月，数量达到大经销商数量的 3~5 倍就可以了；最后就是持续 6~12 个月的招募小经销商的过程。

只有货物传递到了中小经销商手里，品牌方的乱价问题才可以被有效控制，接下来就是在不同的时间节点将招募的重点往下转移，时间到了，即使该层级人数没有达到预期，也要关闭进入的大门或者提高门槛，从而让所有人集中精力进入当前最需要的层级。当然，福利政策也要往下推进。

7. 品牌的市场知名度、信任度不强

品牌缺乏知名度是社交新零售的通病，即使对行业中做得最优秀的品牌进行市场调查，也会发现知道的人数依然很少，毕竟社交新零售至今才几年的时间。虽然有统计显示，社交新零售从业人数达到 5000 万，但是中国有 14 亿的人口基数，这意味着至少还有 13 亿人对社交新零售的认知不够。特别是社交新零售每

个品类都有众多的品牌，客户对每个品牌之间的差异就更难了解和区分了。而且社交新零售主要通过朋友圈传播，朋友圈传播有局限性和封闭性，在你的朋友圈很火的品牌，在市场上和公开媒体上能找到的信息可能很少，对另一个或另外一群人的朋友圈来说，它可能是不存在的。

治理办法

重视品牌的宣发工作，官方公众号、百度软文推送是两个最低成本的建立信任度的办法。其实，多收集客户案例，做成案例集并分享给经销商，是一种非常有效的打造口碑的方法。

8. 品牌的教育培训薄弱，经销商招商的方法和能力欠缺

虽然社交新零售几乎从来不缺线上和线下的培训，但遇到实际情况时就讲不清楚了，不知该怎么办。课程当然很重要，趋势、心态、产品知识、销售知识、引流方法、发朋友圈的方法、沟通技巧、一对一谈判技巧、团队管理方法、公众演说方法、领导力……要学的东西太多。正因为如此，人们往往不知道从何处入手。

治理办法

从学习到可以熟练运用往往需要一个过程，而且课程的效果和学员的个人情况、性格、学历、年龄、职业、态度、练习量等都有关。除了课程，还需要一个有经验且负责任的团队老大经常和经销商沟通，激发经销商的学习欲望并解决其存在的问题。与团队成员之间保持高频次的日常分享、讨论也是一种好方式。最

好的学习方式其实还是建立起一套教育系统，为经销商规划成长路径。同时，也可以请专业的服务商团队为团队服务，还可以找成功的部门学习和模仿其背后的流程与方法。

9. 品牌的信息化程度低，没有清晰的经销商、货物分布的数据

很多品牌都没法准确地说出自己这个月的各项业绩，至于各个级别的经销商的招商数量、补货数量就更不知道了。品牌方应在每周、每月把经销商的报表拉出来，从而准确判断出哪些经销商卖货厉害，哪些经销商招商厉害。对于卖不动货也招不来经销商的人，就应该与之沟通，找出问题，分析原因，给出解决办法。

治理办法

企业需要一套高效稳定的信息化系统。这套系统应有三大功能，即订单授权、控价防伪、返利结算。通过这三个功能可对人、货、钱进行有效管控。

10. 品牌方运营团队的不专业

有强大的品牌方作为后盾，经销商就能做得更快更好。但是对社交新零售行业来说，大部分品牌方的人都不够专业，其工作能力不足会影响很多工作的进度和效果，还会增加运营成本。

治理办法

一个专业的客服人员说话要不急不躁，面对任何经销商时都要做到微笑和亲切，并且客观中立；一个专业的文案人员，除

了要熟悉产品，还要了解经销商和消费者的心理需求。对于运营团队，需要提高招聘要求，建立工作流程和结果检查机制，企业要对员工进行必要的培训，设置适当的奖励和惩罚机制。

11. 外面合作的公司不专业、不用心

一个卓越的品牌背后总有一群优秀的服务商，从招聘到物流，从经销商系统运营到控价打假，都是如此。品牌方选择的合作公司不专业或者不用心，若经销商在电商平台或者其他平台乱价就迟迟得不到处理，这就会让更多经销商加入乱价阵营。

治理办法

多条腿走路，没有最好的，只有更好的，根据不同的需求点选择服务商，在合作的过程中筛选出能够和企业走得长久的、适合的服务商。考查合作公司的行业经验和专业程度很重要。

12. 品牌的法务方面不完善

这些社交新零售企业连最基础的《商标法》都没认真了解过，还有人去找贴牌工厂不了解法务知识的结果很严重的。

与高级经销商签署经销商合同是保障品牌市场秩序的重要措施，只要顶层不乱，下面的小经销商即使偷偷摸摸乱价，能够带来的影响面也是很小的，因为小经销商被查处，对品牌来说损失是很小的。

很多品牌方在明知道大经销商乱价的情况下也不敢去处理，因为对方货量占比太大，而且大经销商掌握了很多公司的机密

信息。还有一些品牌方因自身就有问题，有很多见不得光的把柄在经销商手里，比如非法添加、偷税漏税、模式涉传、违反《广告法》等，导致品牌方自身底气不足，对经销商自然无计可施。

治理方法

提升法务部门对企业合法合规运营的专业管控，也可以请专业法律机构帮忙，这样可以少走很多弯路。

13. 经销商管理制度松散，退换货制度没有落实

在学校有《学生守则》，在街上有《交通法》，在企业中同样需要一套经销商管理制度，以此来规范市场，避免不正当竞争，防止乱价、传播负面信息等现象出现。

对经销商管得越严，他们就会越守规矩，如果品牌方对经销商的不正确言行没有及时纠正，等团队不正当风气形成后再要去治理，成本会很高，难度也会很大。

治理方法

除了保证金制度，更应该建立规范的提货制度，设立云仓的方式。对于大经销商，每个月只允许提等同于个人零售量的货量，招收经销商的货物由公司代发；中级经销商所需货量可以全部提回去，也可以选择公司代发。对于销售能力和招商能力都不合格的经销商，严格回收货物，防止倾销，维护公平的市场环境。

14. 投诉和举报的途径不公开，处理不及时、不严厉

因为社交新零售是根据层级来沟通的，品牌方能够接触的经

销商极其有限，乱价具有隐蔽性、随机性和滞后性。品牌从成立那天起，就要把公众号授权、素材号传播、投诉举报等面向所有经销商和消费者公开，这样即使有乱价的也不会是公开乱价。只要有举报的，一定要登记资料，启动稽查流程，搜集证据，严厉处理，绝不放过任何一个违规的经销商。在这种威慑下，大部分经销商都是可以正常出货的。

治理方法

公开投诉与举报通道，建立合规部门，出具相关条例，对不合规的行为进行约束或惩罚。

15. 企业经营不善，经销商叛逃

此类乱价来自于经销商对品牌失去信心，因此重选东家，以至于将货品倾销，导致乱价。出现这种情况的原因通常有如下几个：领导者格局不够高，成为品牌发展天花板；企业经营没有温度，员工互相抱怨；企业战略不清晰，让经销商看不到希望；机制混乱，利益分配不均；经销商没有上升空间；优秀肯干的经销商得不到应有的待遇；小经销商赚不到钱，活不下去。

治理方法

- ❑ 领导者自我提升；
- ❑ 设计顶层机制，多分一些利润给各级经销商；
- ❑ 结合成长机制，让领导者自己成为明星或者帮经销商实现梦想；
- ❑ 结合系统，在制度上跨级管控。

7.2 供应链风险

供应链风险是很多个人或者团队升级做品牌和企业时会忽略的一个最重要问题。在品牌经营中常常出现厂家断货、商标收回、产品成分超标等现象，小则会发生代理商三五个月拿不到货，大则会出现辛苦建立的品牌一夜之间被摧毁！

如何有效规避供应链风险？在社交新零售预备期内要做好以下三点。

- ❑ 货比三家。黑心供应商通常说自己的价格是最低的，其实则不然，所以货比三家比的是价格。比如，同样卖198元的产品，你的出厂价是50元，竞争对手的出厂价是25元。在机制设置上，你已经没有利润空间了，因为这已经不是25元钱的事了，而是100%的利润差。

- ❑ 比完价格后比成分。同样的价格，如果黑心供应商只用三分之一有用成分，效果就会差很多。在行内有这样一个代表性的事件：一个特别会做团队的人去做品牌，他对产品完全不懂，任凭供应商自己说，结果同样的价格，这家供应商用的原料与竞品根本没法比。源头出了问题，如何与别人竞争？

- ❑ 比完价格和成分后考查生产线。如果供应商的供应不稳定，就会出现断货风险。比如，曾经某500强品牌进军社交新零售，他们找到了一家专门做产品外包装的企业，在一个多月的起盘后产品就卖爆了。但这条生产线产能不足，供给不足，中间因此调整了整整四个月，四个月之后项目直接死了。

在项目的起盘期，应该做好市场的规划及预测。如果对供应商产能预计不足，导致产品迟迟生产不出来，营销费用就都白花了。同样，若存货过多，也会导致资金压力、库存压力及保质期压力过大。

怎么解决供应链问题？首先，做好对供应链的上游管控；其次，对供应链做出时间规划（多少条生产线，日产能达到多少）；再次，对产品进行拆解（找到限制生产进度的部件，例如化妆品包材）；最重要的是做好清晰的计划与目标，掌握好节奏。

7.3　法律风险

电子商务于 1999 年进入中国，直到 2019 年 1 月 1 日国家才颁布《电子商务法》，这期间过了整整 20 个年头。社交新零售兴起于 2013 年，到 2019 年其经营者也被《电子商务法》归于电子商务经营者。仅 6 年发展历史的社交新零售被纳入法规，由此可见这个行业的发展速度有多快。但在其飞速发展的过程中，也出现了很多个人和企业对法律认知不够，经常触碰法律红线的问题。如 2019 年最大的两起涉传案，让整个社交新零售行业的经营者们都开始注重法律法规，纷纷在企业内建立合规部门，因此也促进了行业的健康发展。法律风险主要包括三个方面：税务风险、涉传风险、夸大宣传。

《电子商务法》的颁布是一把双刃剑，一方面说明国家非常重视线上经营者的权利、义务以及规范化发展，另一方面也对许多过往违规违法的行为进行了区分和阐述。

在创业之路上，大家的想法是差不多的，每一个人都希望自己是一个智者，所谓智者不惑；每一个人都希望自己是最有勇气的人，是勇者，所谓勇者不惧。如何才能做到不惑又不惧呢？其实我觉得有一点非常重要，那就是有法可依，法是我们最好的保护屏障。

《电子商务法》对社交新零售的影响在哪里？下面为大家具体介绍。

7.3.1 《电子商务法》的立法目的

《电子商务法》的立法目的：促进发展、规范秩序和保障权益。《电子商务法》作为一部综合法，它的定位包括三个方面。

- ❑ 促进发展。
- ❑ 它对企业、电子商务经营者和平台做了相关规定。
- ❑ 确立电子商务各方主体的权利和义务。

7.3.2 《电子商务法》对企业经营治理观念的影响

《电子商务法》对企业经营治理观念的影响主要体现在以下几个方面。

1. 制度层面

要强化合规的管理，要把企业的合规管理、合规问题提升到与产品管理、业务管理、财务管理同等重要的位置。有些企业在管理观念上只是把合规管理作为一个支撑、保障的功能，并未给予充分重视。自《电子商务法》颁布以后，企业必须提升合规管理的地位。

《电子商务法》不仅让执法部门有据可依，同时对社会公众也产生了普遍的影响，比如媒体开始对违法违规的行为关注并报道。合规的管理具有很重要的意义，对标合规，应该从战略层面加以考虑。那么合规管理从哪些角度考虑呢？首先是模式是否合法合规，其次是行为是否合法合规，再次是对违规处理要有明确的机制。

2. 原则层面

《电子商务法》在原则方面也有相应规定。这些原则规定需要我们在实践中仔细把握。企业需要积极主动参与电子商务的协同治理。《电子商务法》规定了协同治理的模式，经营者是协同治理的重要主体。

企业如何参与进来？首先，企业应制定自治规则，企业自治规则实际上是进行司法活动和执法活动的重要参考。在市场活动中，企业的自治还是非常重要的，这也是一个基本的规则。其次，企业应自律，应有序竞争。再次，对于一些问题及时提出建议和反馈，不要等待监管。最后，企业要承担社会责任。

3. 价值趋向层面

为了实现"坚持高质量发展和融合创新的理念，满足人民日益增长的对美好生活的需要，构建开放型经济"这个目标，《电子商务法》专门规定了促进发展这一章，提出了一些要求和措施。因此，必须与这个目标保持步调一致，才能够享受到政策的红利、制度的红利。低水平、低质量的发展，不仅让企业自身发展困难，得不到政策红利，还将成为监管的重点对象。另外，从近几年的情况来看，高增长的流量红利和电子商务高速增长的红利将逐渐减少，重视质量融合发展已成为趋势，社交新零售在这方面发展空间更大。在外部数据方面，企业要约束自己，要将保护消费者和用户的利益放在首位。

总而言之，《电子商务法》的实施为我国电子商务的持续发展提供了基础性的制度。对于解决交易市场中存在的假货驱逐真货、劣币驱逐良币的问题有很大的推动作用。对于增加消费者的福利和产业的升级、促进高质量发展也有积极的推动作用。社交新零售是《电子商务法》鼓励的创新模式，相信其未来一定会更加美好。

7.3.3 《电子商务法》相关条款解读

下面对《电子商务法》中与社交营销渠道相关的条款进行解读。

1. 何为电子商务经营者？

第九条　本法所称电子商务经营者，是指通过互联网等信息网络从事销售商品或者提供服务的经营活动的自然人、法人和非法人组织，包括电子商务平台经营者、平台内经营者以及通过自建网站、其他网络服务销售商品或者提供服务的电子商务经营者。本法所称电子商务平台经营者，是指在电子商务中为交易双方或者多方提供网络经营场所、交易撮合、信息发布等服务，供交易双方或者多方独立开展交易活动的法人或者非法人组织。本法所称平台内经营者，是指通过电子商务平台销售商品或者提供服务的电子商务经营者。

解读：电子商务平台经营者的主要代表有淘宝、京东等；平台内经营者主要代表有天猫商城中的各个店家；自建网站指企业自有的网站；"其他网络服务销售商品或者提供服务的电子商务经营者"包括通过朋友圈、社群、网络直播、短视频及其他平台进行商品售卖的个人与企业。

2. 哪些经营行为需要办理工商登记？

这个问题可以依据第十条和第十二条分别解答。

第十条　电子商务经营者应当依法办理市场主体登记。但是，个人销售自产农副产品、家庭手工业产品，个人利用自己的技能从事依法无须取得许可的便民劳务活动和零星小额交易活动，以及依照法律、行政法规不需要进行登记的除外。

第十二条　电子商务经营者从事经营活动，依法需要取得相关行政许可的，应当依法取得行政许可。

解读：关于这两条，总结起来包括三个重点、四个例外、一个注意。

❑ 重点一：电子商务经营者需要办理相关行政许可，如售卖食品、医疗器械的企业。

❑ 重点二：许可的前提是必须办理工商登记。

❑ 重点三：不需要行政许可的也需要工商登记。

❑ 例外一：个人售卖自产农副产品。

❑ 例外二：个人售卖家庭手工业产品。

❑ 例外三：个人从事便民劳务活动。

❑ 例外四：个人从事零星小额交易活动。

❑ 注意：对于零星小额交易的交易数额暂时没有界定，专家建议为每月 3 万元以内销售额，有些城市相关机构建议每月 5000 元以内的销售额。建议去当地相关部门咨询。

3. 如何依法纳税？

第十一条 电子商务经营者应当依法履行纳税义务，并依法享受税收优惠。依照前条规定不需要办理市场主体登记的电子商务经营者在首次纳税义务发生后，应当依照税收征收管理法律、行政法规的规定申请办理税务登记，并如实申报纳税。

解读：不需要市场主体的，在有纳税义务后也要纳税，国家对纳税义务采取严格的态度。

4. 何为虚假宣传？

第十七条 电子商务经营者应当全面、真实、准确、及时地披露商品或者服务信息，保障消费者的知情权和选择权。电子商务经营者不得以虚构交易、编造用户评价等方式进行虚假或者引人误解的商业宣传，欺骗、误导消费者。

解读：虚构交易（刷单、刷流量）、编造评价（刷好评）、引人误解的商业宣传（如保健品不能宣传功效）都被认定为虚假宣传。

5. 社交新零售能不能继续做下去?

第三条　国家鼓励发展电子商务新业态,创新商业模式,促进电子商务技术研发和推广应用,推进电子商务诚信体系建设,营造有利于电子商务创新发展的市场环境,充分发挥电子商务在推动高质量发展、满足人民日益增长的美好生活需要、构建开放型经济方面的重要作用。

解读:《电子商务法》的第三条规定了国家鼓励商务新业态和商业模式创新,社交新零售就属于商务新业态,是创新的商业模式。所以从法律层面可以看出来,国家对这个行业是鼓励的,如果社交新零售能做到持续健康发展,那国家对我们肯定是包容的。

7.3.4 《电子商务法》及其他法规给社交新零售带来的新机遇

《电子商务法》给社交新零售带来的新机遇主要体现在如下方面:

❑《电子商务法》明确规定促进电子商务持续健康发展;
❑《电子商务法》明确规定国家鼓励商务新业态,创新商业模式。

2018 年 12 月 3 号,市场监督管理总局发布国市监注 [2018]236 号文,其中明确提出积极支持、鼓励、促进电子商务发展,对于社交新零售主体登记为个体工商户的,允许其将经常居住地登记为住所,仅通过互联网开展经营,即某些经营者可以不用租写字楼了。

2018 年 12 月 5 号，市场监督管理总局又发布了《关于电子营业执照的管理办法（试行）》并公开征求意见，管理办法规定了电子营业执照的申请使用方式。即某些城市在网上可以申请营业执照了，不需要再去现场办理。办理之后在手机端就可直接显示营业执照，不用再去领纸质版了。这些其实都是跟电子商务行为息息相关的。由此也可以看出来，国家层面为了使《电子商务法》能够落地实施，出台了相应的细则来保证企业执行《电子商务法》。

所有的社交新零售从业者都应规范发展，这样就能受《电子商务法》的保护，我们要做的就是按照《电子商务法》来规范自己的行为，以便享受法律带给我们的红利。

7.3.5　一张图分辨"传销"与"社交新零售"

社交新零售通过社交方式招募经销商团队并带动其发展。很多时候，社交新零售从业者的表达与表现会被误认为是在搞传销。当然，我们也不排除有些企业在经营团队的时候，并没有把合法合规放在第一位，甚至忽略了合法合规。

对于"传销"与"社交新零售"，我们用一张图来区分，这张图中的每一个字，都值得细细品味与斟酌。

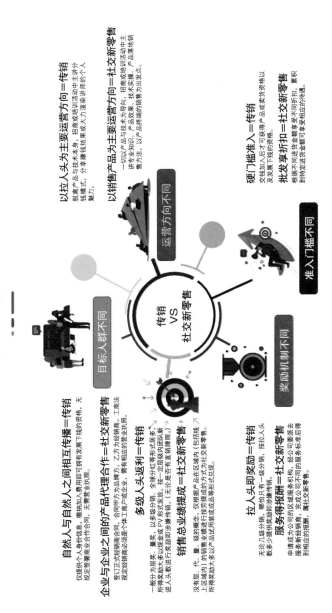

一张图教你分辨
"传销" 与 "社交新零售"

传销 VS 社交新零售

目标人群不同

自然人与自然人之间相互传播＝传销

仅提供个人身份信息，缴纳加入费用即可拥有发展下线的资格，无规定要署商业合作合同，无需售业执照。

企业与企业之间的产品代理合作＝社交新零售

签订正经销商合同，合同中为产品品牌方，乙方为经销商。工商法规定经销商必须是个体工商户或成企业，需有相应的营业执照。

运营方向不同

以拉人头为主要运营方向＝传销

脱离产品本身，招募或培训活动中主讲分钱模式、分享赚钱结果或大力量拉人头的人魅力。

以销售产品为主要运营方向＝社交新零售

一切以产品为技术为主要方向，招商或培训活动中主讲专业知识、技术实操、产品落地销售方法，以产品终端的销售为出发点。

多级人头返利＝传销

一般分为层类、量奖，全球分红类等形式具多，所得奖励加入多以现金或 PV 形式技术，按一定层级内团队新进人头数进行奖励即涉嫌传销。（无论是否有直营牌照。）

销售总业绩提成＝社交新零售

没有层、代、量、级的概念，仅根据产品在区域内（包括线上、线下区域内）的销售业绩提成或成的方式社交新零售。所得奖励大多以产品试用装或成产品等形式兑现。

奖励机制不同

拉人头即奖励＝传销

无论几级分销，哪怕只有一级分销，按拉人头、数多少提供奖励即涉嫌传销。

服务得报酬＝社交新零售

申请成为新经销商，完成公司委派去服务新经销商，经公司的服务标准后得到相应的报酬，属社交新零售。

准入门槛不同

硬门槛准入＝传销

交钱加入后才获得产品或发展资格以及发展下线的资格。

批发享折扣＝社交新零售

根据不同进货金额享受不同折扣，累积到特定达货金额可享相应的待遇。

|第8章| C H A P T E R 8

社交新零售招商系统

招商对于任何企业来说都是销售环节中最重要的一部分。在招商会举办之前，必须先配备招商会上要使用的PPT。社交新零售中的招商PPT应结合五力模型进行设计与制作。

8.1 社交新零售招商五力模型

社交新零售招商五力模型对应的15字箴言如下。

❑ **品牌力**：跟谁干？

❑ **产品力**：干什么？

❑ **模式力**：怎么分？

❑ **营销力**：怎么干？

❑ **明星力**：谁干成了？

1. 品牌力：跟谁干？

品牌力关键词：实力、荣誉、地位。

可以从以下几个角度表达出对品牌的挚爱。

- ❑ **公司历史**：公司是如何形成的？公司的方向以及建立公司的情怀和初衷是什么？
- ❑ **行业历史**：为什么要选择这个行业？这个行业有多大的市场前景？
- ❑ **创始团队**：创始人的行业经历是什么样的？为什么创始团队能给予大家安全感？
- ❑ **企业荣誉**：企业获得过哪些可以证明可信度的荣誉？
- ❑ **科技专利**：有哪些专利可以彰显我们的专业与竞争力？
- ❑ **研发水平**：我们在行业的水准是什么？
- ❑ **实力背景**：品牌背后有什么资源优势、人脉优势？还可以撬动哪些资源？
- ❑ **合作伙伴**：哪些有实力的机构和我们合作过？在哪些方面有合作？为什么合作？
- ❑ **未来空间**：公司未来 3～5 年的战略是什么？市场的前瞻性如何？

品牌力讲解的核心：让听众对品牌理念有信心，对品牌的强大实力与历史有了解，从而使品牌长期经营。

2. 产品力：干什么？

产品力的关键词：卖点、卖相、卖价。

可从以下几个角度塑造产品价值。

- ❑ **市场规模**：国内有多大市场容量？国外有多大市场容量？

- ❑ **行业痛点**：行业普遍遇到了哪些问题？我们如何面对与解决这些问题？

- ❑ **客户需求**：客户的真实心声是什么？我们如何满足客户的需求？

- ❑ **产品规划**：产品的规划蓝图以及上线节奏是什么？

- ❑ **竞品分析**：面对竞品，我们的优势在哪里？

- ❑ **品类创新**：与同一品类的产品相比，我们的产品在哪些方面做出了独特创新？

- ❑ **核心卖点**：如何为产品提炼出三个核心卖点？

- ❑ **高附加值**：除了产品核心卖点可以解决的问题，还有哪些可以让客户与经销商兴奋的点？

- ❑ **标新立异**：我们的产品与同类产品最大的不同是什么？

- ❑ **好玩有趣**：如何让产品好玩、有趣并成为生活的必备品？

产品力讲解的核心：让听众对产品有信心，感受到产品好用又好卖。

3. 模式力：怎么分？

模式力的关键词：顶层设计、机制、门槛。

可以从以下几个角度讲解模式的核心驱动力。

- ❑ **资源匹配**：针对不同的经销商，应给予什么样的资源匹配？

- ❑ **竞争优势**：模式的新颖之处是什么？最大的亮点是什么？

- ❑ **模式类型**：模式的侧重点在哪里？是侧重市场业绩还是侧重地域分布？

❑ **等级制度**：每个等级有什么样的权利与义务？

❑ **要求门槛**：你需要投入多少钱？

❑ **奖金机制**：针对不同的情况，应分别给予什么样的奖励？

❑ **成长通道**：经销商的成长蓝图是什么？可以得到哪方面的提升？

❑ **正确启动**：经销商的行动蓝图是什么？从哪里开始？在哪个位置？应该做什么事情？我的行动路线图是什么？

模式力讲解的核心：让听众能够听得懂并且产生兴趣，根据听众水平确定表达内容和方式。

4.营销力：怎么干？

营销力的关键词：活动、广告、策划。

可以从以下几个角度讲解商业变现。

❑ **营销资源**：有哪些社会资源？可以在什么时间被调用？

❑ **宣传优势**：有哪些独特的宣传渠道和方式？

❑ **广告计划**：未来 1 年的广告计划是什么？

❑ **活动排期**：未来 1 年的活动有哪些可以用来叠加势能？活动时间轴是什么？

❑ **招商政策**：今天加入项目可以有哪些优惠政策？

❑ **市场支持**：加入项目后可以给我提供哪些市场支持？

❑ **素材推广**：有哪些素材？是否形成了强大的数据包？是否可以随时调用？

❑ **变现方式**：有哪些营销策略和活动节点可以帮助经销商变现？

营销力讲解的核心：让听众感受到公司强大的营销规划和支持力度，让他们意识到只要跟着节奏走就可以轻松变现。

5. 明星力：谁干成了？

明星力的关键词：自说、他说、传说。

可以从以下几个角度展示明星的力量。

- ❏ **产品成功案例**：哪些人使用产品？达到了什么样的效果？
- ❏ **创业成功案例**：哪些人通过项目创业成功？他们的收入是多少？
- ❏ **塑造榜样**：重点帮扶的榜样是谁？为什么帮扶他？通过帮扶他达到了什么结果？
- ❏ **传播影响**：企业通过传播这些"明星"们取得的结果，影响到了哪些人？他们的选择是什么？

明星力讲解的核心：让听众看到企业打造出来的超级 IP，他们可以是大学生、宝妈、创二代、富二代、企业家等。注意，要让听众感受到明星比他还普通，也是他身边的普通人，明星可以做到的，他也可以。

没有行动就没有结果。企业把上述关键词整理到一起，可以写成文案，可以拍成视频，也可以录成语音，这些全部加起来就是素材包，可以直接交给经销商使用。

企业可以找出自己最强的那一种力，然后将其做到极致，就可以得到最好的招商文件（展示型 PPT）或招商计划书（目标执行方案）。

8.2　企业招商数据包大全

"招商数据包"是社交新零售领域的专业用语，很多朋友不明白它是什么，以及它的价值与意义在哪里。大家可以把它理解为产品手册、宣传手册，但对于社交新零售来说，传统的产品手册、宣传手册并没有太大的价值和意义。首先，它是针对传统渠道来设计的，社交渠道不认这些东西，就像用网络支付多了，大家不太认现金支付一样。其次，纸制的手册基本无法在网络渠道传播，如很多企业做了上万份宣传手册，结果全部积压在仓库里，分发出去的没有多少，造成了巨大的浪费，还不如公众平台里一个电子文档效果好。当然，这里不是说宣传手册的内容没有价值，而是它的展示形式和分发途径发生了变化，因此，我们在它的设计和应用方面要进行升级和优化。

在社交新零售领域，我们对宣传类物品进行了重新定义——数据包！

数据主要为电子形式，它的价值在于利于传播、高效、可复制、好分类、可即时增补。比如，你有 1000 个经销商需要通过朋友圈做市场，若通过社交新零售渠道来实现，你就不需要准备 1000 份纸制的资料了，仅需要一套电子文档或宣传海报，一秒钟内就可以将海报通过你的 1000 个经销商传递给成千上万的顾客。我们可以针对企业宣传的内容通过以下 14 种形式进行线上制作和传播。

（1）画思维导图，列出其中的关键词，逐步执行。

（2）把关键词串联起来，写成文章。长文章可以切割为朋友圈小文案重复使用。

（3）配图，做成PPT与PDF格式的文件，图文结合，吸引眼球，PPT与PDF格式的文件更利于传播。

（4）同样的内容还可以做成公众号上的销售信，这样不仅多了一条传播渠道，还有利于经销商取阅。

（5）同样的内容，可做成语音培训课件，方便经销商重复学习。

（6）同样的内容，还可以做成视频、企业宣传片，让文字和图片变得更生动。

（7）做成企业宣传画册，这样就可以用在地面渠道了。

（8）做成H5电子宣传册，省心、省力、省钱、省时间。

（9）做成百度素材新闻源，持续发酵。

（10）做成官方微信公众号，让企业展示力度加大、企业形象更饱满。

（11）做成官方网站，有利于用户搜索，可建立更高的信任度。

（12）做成销售话术和疑义解答的形式文本，以方便销售人员使用。

（13）做成朋友圈素材，每一个要点做成5条朋友圈，方便全员推广。

（14）列出关键点并将其做成成交型海报，使其适合放在朋友圈和微信群中传播。

8.3 招商会的三大形式

招商会有多种形式，各个团队可以根据自己的实际情况选择和使用，在这里主要展示三种重要形式。

招商会的三种形式

8.3.1　内部外部结合

社交新零售招商会不仅是对外吸引经销商、扩大影响力的方式，还是企业对内部员工进行教育、锻炼和培养的重要机会。因此，招商会必须在形式上做到内部与外部结合。

对外，企业通过招商会将原本不了解品牌的流量吸引过来，将他们从陌生人变成粉丝、从粉丝转化为经销商；对内，招商会能够有效改善员工的人际关系，挖掘工作潜力，激发他们发挥更大的价值。招商形式上的内外结合能消除团队内部新老成员之间的沟通阻碍，这既实现了队伍壮大的目标，又强化了团队凝聚力，同时提高了产品销售业绩。

在形式的内外结合上，我们需要关注以下几种方法。

1. 内外招商会规模不同

内部招商会应控制规模，注重宣传和邀约的精准性。可以设置一定的参与门槛，从而给参加者以强烈的心理暗示。外部招商会应做到"广撒网"，尽可能通过更多方式吸引能够被吸引的对象，加大宣传力度，造成较大的声势，提高团队竞争力。

2. 内外招商会邀约方式

内部招商会应重点通过团队内部群进行人员筛选，并以有效沟通、小组会议的方式邀约；外部招商会可以吸收传统招商经验，进行多渠道邀约。

3. 内外招商会流程对接

应力求避免内外招商会在流程上的割裂。不妨参考下面的流程操作。

首先，举行对内招商会。招商会仅向业绩好的经销商开放，由专业导师讲解新产品的功能和市场前景，并由经销商当场认购产品，提出团队发展目标。

其次，要求经销商跟进宣传，举办对外招商会。将所有被邀约者集中起来召开会议。会议结束后，迅速将新经销商分配到不同的经销商团队中。

8.3.2　线上线下结合

线上与线下结合是社交新零售营销策略的亮点，也是社交新零售招商的一大特色。利用线上优势开发线下价值，能够做到传统零售业无法触及的全方位立体招商。

在选择招商形式之前，企业首先应了解线上与线下的各自优势。线上招商能够有效降低成本，减少客户的参会成本，并能跨越地域和时空发挥影响力；线下招商可以将品牌形象带到客户面前，最大程度地直观展现产品优势，并通过面对面的交流吸引客户。

因此，招商会有必要将线上与线下的招商形式相结合，使之相互促进和影响，以便得到市场参与者更多的支持。具体而言，企业可以多关注以下原则和方法。

1. 根据新产品营销方案选择招商会形式

选择招商会形式时不应孤立看待，而应站在全局角度放在新产品营销整体策略内加以考虑，尤其需要注意下图所示因素。

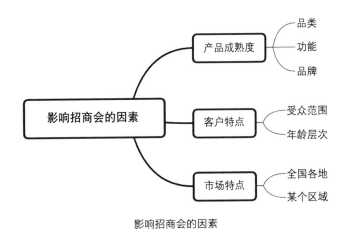

影响招商会的因素

□ **产品成熟度**：如果产品品类小众、功能新颖，品牌尚未完全成熟，营销方案就应倾向于在短期内迅速扩大经销商覆盖范围。此时应考虑选择线上渠道。

❑ **客户特点**：如果客户受众范围广泛、偏年轻化，就应该考虑线上形式；如果客户分布集中、年龄较大，就应该考虑线下形式。

❑ **市场特点**：如果早期市场分散、面向全国，则在线上能更快推进产品营销速度；如果早期市场集中、面向某个地域，就应选择线下招商。

2. 线上与线下相互渗透转化

在招商过程中，企业可以充分利用线上、线下资源，并对其加以整合，随时使两者相互渗透和转化。例如，在线下招商会中，可以利用线上视频会议讲课、培训，讲师可以同时面向多个城市的多个会场进行分享；可以鼓励参会者发布朋友圈；可以现场组建客户群、经销商群等。进行线上招商会时可以将其当成引流入口，将客户吸引到线下进行集体培训、学习、讨论等。

只有线上与线下之间的壁垒被完全打破，招商进度才能满足社交新零售团队发展的需要。

在2017年的世界微商大会上，恋侬品牌现场直播了"第三届世界微商大会"实况。同时，在线下34座城市，由各地经销商开办线下沙龙，锁定意向经销商100人，在同一时间段，网络直播观看数量达到165万人，带动了经销商团队的积极性。

在2018年的全球创业者大会上，歌瑞森品牌同时在全球70多个城市开设了500多个分会场，使品牌在"全球创业者大会"上得到同步展示机会，使品牌辐射近千万人次。

这些创新方式的落地都只需要一部手机，但产生的结果却是不可思议的。

8.3.3　大会小会结合

招商会规模的大小并非固定的。根据现实的需要，选择大会与小会相结合的方式，能够让社交新零售渠道从中受益。

一般而言，招商会规模在 30～200 人不等。其中，人数小于 60 的可以视为小型招商会，人数在 60～120 的视为中型招商会，人数超过 120 的为大型招商会。

招商会规模大小应根据客户特点、竞争情况、招商方案等现实因素决定。在决定具体规模之前，应重点参考下列条件。

1. 环境因素

环境因素主要包括时间、地点等因素。通常情况下，如果是在招商淡季，可以考虑开展中小型招商会；如果是在旺季招商，就应考虑投入足够成本，打造大型招商会。

在设计招商方案时，也应事先了解场地情况。如果能联系到较大的场地，如礼堂、会议厅等，就可以考虑大型招商会；反之，应选择中小型招商会。

2. 招商目标

产品面向的客户较集中，如果全部为年轻客户或老年客户，就可以考虑选择中小型招商会。反之，如果客户群体构成复杂，没有身份、年龄、阶层等特殊限制，就可以考虑大型招商会。

3. 产品特点

产品属于垂直领域，且面向的是专业人士或有特殊需要的小众客户，如健身用品、护理用品等，就应该强化技术研讨氛围，选择中小型招商会。若产品可以满足大众需求，如母婴用品、男士健康用品、健康食品、美妆护肤等，应该尽量召开大型招商会。以便保证产品未来的销售方向。

此外，无论选择大型招商会还是小型招商会，招商的形式都可以灵活多变，也可以根据需求将不同规模相互组合。大型招商会之后，不妨分组举行小型招商会，进一步深入发展经销商。也可以将多次小型招商会吸引后的新经销商集中到一起召开大型招商会。

8.4 如何策划一场成功的招商会

8.4.1 招商会三大要素

招商会全程分为会前、会中和会后三大阶段，策划者应围绕上述阶段进行设计。在设计过程中需要重点关注时间、地点、人物三大要素所发挥的作用。

1. 时间

社交新零售招商会的时间应关注"传统零售招商"和"社交

渠道招商"两大制约因素。一般而言，由于社交渠道经销商不受时间和空间的制约，在这种独特性的制约下，在春节结束后不久和秋季中旬两大时间节点，比较有利于将社交新零售作为重点招商方式。此外，已经有一定品牌优势的团队可以根据产品推出的节奏随时预热招商会。

时间选择：线上招商一般应选择在休息日和晚上进行，避免客户因工作或家庭原因无法参加，同时应做好线上预热、提醒等工作；线下招商应选择大多数客户工作压力较小的时间点进行，如节假日上午、周末下午等。招商会整个流程所用时间不应过长，避免因拖沓分散客户注意力。线上时间应控制在一个小时内，线下时间不应超过一个半小时。

2. 地点

在面积上，会场过大、人数过少，会导致空位太多，显得主办方能力、影响力不足；会场太小、人数过多，会显得主办方太小气。正确的做法是根据具体人数，选定适当的招商场地。

在地理位置上，如果是一两个小时的招商会，应考虑选择市中心等便于人员集中的场地；超过一天，要尽可能让参会者住宿便利，如果条件允许可以选择郊区等安静的场地。此外，会议地点的停车、照明、通风、卫生、服务、电话、扩音、网络、视频等相关设备都应配备齐全。

3. 人物

在会前，需要关注的人物为邀约对象。一般而言，邀约对象数量应为关注人群的 60%。确定具体邀约目标后，企业应进一步确立邀约形式，如电话邀约、微信邀约等。团队管理者应为招商团队设定目标，并将其细化。

在会中，重要的人物因素将由之前的邀约目标转移为招商团队的内部工作人员。以线上招商会为例，工作人员包括主持人、讲师、群管理人员等。其中，主持人通过视频、音频及文字直播产品价值、描述市场前景；群管理人员分为两类，其中"显形"群管理人员负责现场氛围、会议流程，"隐形"群管理人员负责营造气氛、应对临时突发情况。

在会后，任务应主要集中在签约客户身上。由团队营销人员与服务人员进一步分头跟进不同对象，如负责催款、发货，并及时发现和解决他们遇到的新问题。

8.4.2　策划方案的设定

社交新零售策划工作直接决定了招商会的成败，而策划者必须事先明确目标和要求，才能确保策划结果圆满。为此，策划人员必须对整个会议的详细情况有清晰认识，能够对会议中涉及的各方面因素加以计划、组织、指挥、协调和控制。

首先，应该确定招商会的目标，即领导层想要达到的目标。在这一部分中切忌提出的目标过于宽泛或庞杂，应当让目标精准，如"100 万业绩""完成本季度 20% 的销量"等。

围绕目标列举为了达到目标要完成的工作。在这一部分策划中，所有工作步骤应尽量预设详细，避免遗漏和疏忽。随后再对这些工作进行拆解和细分，确保覆盖到位，并分配给不同部门。

在部门内部，由具体岗位执行人及时做好精细化的准备工作，将本部门负责的工作加以量化，制作出时间表。随着招商会准备工作的推进，部门负责人需及时跟进，确认每个步骤的工作结果。此外，不同部门的负责人相互之间应该随时保持沟通，从而确保每项目标都能顺利实现。

其次，详细的招商会策划方案应包括准备、邀约、现场、流程等各方面的内容。一份标准的社交新零售策划案，通常有以下内容。

（1）活动目的：即本次招商会的战略目标，如提升品牌影响力、维护经销商利益等。

（2）活动主题：即本次招商会的具体目标，如推出新产品、增加新经销商等。

（3）活动时间：活动起止时间应具体到年、月、日。

（4）活动地点：如酒店名称、具体地址。

（5）举办单位：包括主办单位、承办单位等。

（6）前期准备工作如下。

❑ 人员安排：不同部门的人员分别负责不同的工作。

❑ 物料准备：准备宣传资料、会场用品。

❑ 餐饮住宿：如招商会时间较长，需要安排用餐和住宿。

❑ 交通安排：重要人员接送、车辆驾驶人员安排等。

❑ 会场布置：包括会场内、会场外。

❑ 嘉宾邀请工作：如专人发邀请函、打电话等；参会
人员名单拟定。

❑ 招商会人员培训：全体工作人员在大会开始前做好
培训工作，包括业务知识、人员安排、活动议程等。

❑ 彩排或演练：在本公司或招商会现场进行彩排工作；
议程设定和费用预算计划；注意事项和应急预案。

8.4.3　招商方案的设计

利用招商工作，管理者可以将企业自身优势、经营理念、渠
道政策与招商流程有效传递给经销商，并快速打动他们。如此方
能赢得经销商的支持，促进企业壮大。

管理者要想设计出富有吸引力的招商方案，就应主动站在合
作伙伴角度思考如何扶持他们，从而迅速占领市场，并形成多级
渠道的招募框架。这样才能拥有一套相对成熟的招商机制，并能
够以方案的形式向合作伙伴展现。

从整体上看，招商方案可以分为内容和形式两方面。其中，
内容要从企业介绍、产品价值、市场前景、消费对象分析、渠道
激励机制、市场运营策略等不同维度向经销商说明。形式则关系
到招商活动呈现的外在特征，它决定了对经销商的吸引程度。如
果说内容是"干货"，那么形式就是"颜值"，两者充分结合，招
商活动才能顺利进行。

最容易吸引优秀经销商的招商方案形式，包括以下几种。

- **团队内训**：团队内训是从外部招商向团队内部招商的延伸，主要教经销商怎样自主招商。团队内训可以提升经销商之间的信任度和凝聚力，加强经销商和品牌方的交流和联系，增强黏性。

- **讲师训练**：所有的讲师最终都是要站在讲台上的。讲师训练会议是预备讲师带着自己的课程在真正的舞台上演练，同时可以观摩其他讲师的讲课。在讲师训练会上，用讲评表等表单对讲师的课程内容及现场效果进行评分，以便进行评估和改进。

- **招商大会**：招商大会是指品牌方等招商组织通过举办各种类型的会议，向外界介绍、宣传、推广自身的投资环境、招商项目，以便促进沟通、创建联系并吸引大众前来加盟投资的一种招商引资活动。它不仅是社交新零售企业招商引资的重要途径，也是招商组织扩大社会影响的积极举措。因此，举办招商会越来越受到重视，并已成为招商引资的重要内容和手段之一。

- **表彰大会**：表彰大会的意义在于体现社交新零售品牌方的重视，同时鼓励和培育正确的行为规范，给团队其他经销商成员树立榜样，激发个人内在动力，增强社交团体的竞争力、凝聚力和对品牌或公司的信任度与忠诚度。

8.5 招商会现场操作细则

大多数社交新零售招商会都有讲课项目，其课程内容的体现形式和表达方式都应当是多元化的。通过多元化安排课程的实际内容和表达形式，参会经销商会乐意投入其中，从而提高他们的转化率和忠诚度。

8.5.1 招商会讲解技巧

招商现场，讲师应根据不同课程的特点，在每堂课中合理搭配内容比例，以便让整堂课更加生动、直观、易懂。

1. 人物讲解占比 40%

语音本身的优势显而易见，不仅单位时间内可以包含更多的信息量，而且老师的语气、感情也可以更直接展现在每个学员的面前，使场景尽可能生动。

语音的缺点是包含的信息不能被直接看到，这对记录重要信息很不便利。

2. 重要文字占比 20%

文字可以直接将信息展现在经销商面前，而且利于记录。文字可以提升学习的效果，并且有利于学员复习。

3. 图片展示占比 30%

在以视觉宣传为主的大环境中，图片绝对是必不可少的元素。此外，招商活动中的案例展示，用图片也可以准确地表达。在会议中巧妙地运用图片进行展示和解释，对听众的说服力是非常强的，同时也可以加强听众对文字和语言的理解。

4. 视频占比 10%

视频更加生动，更加真实，更能营造出会议的势能。视频是为了让招商会更有说服力而准备的辅助素材，适当贯穿在招商活动中，可发挥其最佳作用。

8.5.2　招商会节奏控制

对招商会进度的控制会直接影响招商的氛围和效率。科学合理地分配时间，可以让听众在有限的精力下完成现场的互动以及对会议内容的吸收，加快成交率。

招商活动的节奏控制要点如下。

（1）主持人 3～5 分钟：用于互动热场，并详细介绍这次的分享老师。

（2）主讲老师 40～60 分钟：线上招商内容时长最好控制在 45 分钟以内，线下在 1 小时以内。

（3）优秀经销商分享 20 分钟：导师讲完后一般应请优秀经销商分享，这也很重要，优秀经销商的分享不但可以使听众之间针对分享的内容有效交流，拓展知识的宽度和深度，还能更好地营造参会人员之间的学习氛围。其中可供分享的问题如下。

- ❑ 以前做什么？
- ❑ 现在做什么？
- ❑ 为什么做社交新零售？
- ❑ 为什么选这个品牌？

❑ 做了之后有什么结果？

❑ 人生有什么改变？

（4）成交和促单 30 分钟：在这个时间段内应提高成交效率。可以采取一对一、一对多的方式，强化客户对产品的印象，实现成交与促单。

8.6 线下招商会会务系统

本地化的招商会会务系统，必然涉及各方面的对接工作，为了便于组织和管理每次的线下会务，需要组建专门的团队来负责。

8.6.1 会务系统组织架构

会务系统组织架构可以细分成多个模块，并分别由不同的团队负责。下我们详细了解其中比较重要的模块。

（1）项目负责人：全权负责线下会务组织的相关事宜，合理分配及协调职能部门的工作，掌握整场会议的架构及进展。

（2）会务组任务较多。

❑ 会前：会场确认及布置；准备物料；对接内训流程；发布会议通知函。

❑ 会中：导师接待；参会人员接待；会场控制。

❑ 会后：安排参会者顺利返程；会议总结报告。

（3）企划组：负责策划媒体宣传方式及组织方案。

（4）招商组：负责会务邀约方案及招商方案；邀约并确认到场人员。

（5）财务组：招商财务登记；配合讲师完成刷卡成交环节，提前准备现场刷卡确认表。

8.6.2　会务系统岗位职责

（1）会务总监的职责如下。

- ❑ 掌握人员调度。
- ❑ 协调安排现场各项事宜，保证流程环环相扣。
- ❑ 及时处理现场重要突发状况。
- ❑ 对现场各岗位进行检查、督促和指导。
- ❑ 随时监督各岗位的执行情况，直接对接各岗位的负责人。
- ❑ 实行责任制，责任到负责人。
- ❑ 掌握助教的心态，及时给予鼓励。
- ❑ 协助成交负责人做好与成交相关的工作。

（2）内场总监的职责如下。

- ❑ 管理、协调、检查内场所有事务。
- ❑ 内场易拉宝的摆放，内场清洁及桌椅队形管理。
- ❑ 内场白板、电脑、投影仪、音乐设备调试和检查。
- ❑ 成交人员的服务、与老师的配合、成交语言的培训与演练。

- 与会务总监及外场总监沟通和协调。
- 内场紧急状况处理。
- 各岗位的安排、调控及训练。
- 及时向会务总监汇报内场情况。
- 与助理讲师、招商负责人协调，完成成交相关环节，保证结果。

（3）舞台总控的职责如下。

- 根据舞台岗位设置，进行人员岗位安排及训练。
- 为保障舞台流程顺利进行，监控各类物质准备情况。
- 人员、物品到位后，模拟流程进行全程演练。
- 确保现场舞台流程万无一失。
- 突发事件的紧急灵活处理。
- 会议前一天一定要检查音响、麦克风、电脑、音频、视频、投影仪、灯光，有状况马上报告并及时解决。

（4）灯光、空调管理员的职责如下。

- 及时与酒店工程部（电工）对接，详细了解整个会议室的灯光、空调等开关设备位置，并快速开关灯光（全亮、暗、全黑），以确保无问题。
- 及时与舞台总控对接追光灯（如需要）与舞台配合流程，对接主持人和讲师上场时间及出口位置，确认追光是否与主持人对接。
- 有彩灯时，需要协调彩灯打上公司标语，并根据舞台整体效果变化灯光强度与色彩。

（5）投影、PPT 及视频岗位职责如下。

> ❑ 及时与舞台总控对接舞台流程。
>
> ❑ 将会议需要的背景图、座位图及中场备放的视频调试到位。
>
> ❑ 确认讲师笔记本电脑（讲台用）、控制台电脑调试到位。
>
> ❑ 确保讲师及主持人所用舞台展示资料（包含 PPT 及视频资料等）上场前至少 30 分钟到位并调试无误。
>
> ❑ 现场各种情况的应急处理。

（6）门卫组岗位职责如下。

> ❑ 对参会者胸牌或挂牌进行检查。
>
> ❑ 对纪律要求严格的课程，控制人员进出会场。
>
> ❑ 学员上下课的召唤和热情迎宾。
>
> ❑ 课程结束后胸牌或挂牌的回收。
>
> ❑ 遇特殊情况及时向内场总监汇报。

（7）簇拥组岗位职责如下。

> ❑ 讲师上场时指引、拍手并簇拥其上场。
>
> ❑ 讲师上场时氛围的营造。

（8）跑麦组岗位职责如下。

> ❑ 当有参会者提问时，要以规范的动作和最快的速度将调试好的麦克风传递给参会者。
>
> ❑ 参会者用完后，将麦克风关闭并放回原位。

　　□ 内场紧急情况的补位。

　　□ 制止参会者违反课堂纪律的行为（如打电话、打瞌睡、交谈等）。

　　□ 及时为参会者提供优质服务。

（9）外场总监的职责如下。

　　□ 管理、协调、检查外场所有事务。

　　□ 外场易拉宝摆放美观。

　　□ 外场所有工作人员的成交语言、仪表培训、演练、检查。

　　□ 签到数据的制表统计。

　　□ 处理外场紧急状况。

　　□ 与会务总监及内场总监协调。

　　□ 协助参会者用餐。

（10）茶歇组岗位职责如下。

　　□ 时刻保持茶歇台清洁。

　　□ 按时准备茶歇用品。

　　□ 保证茶歇用品数量充足。

　　□ 保证茶歇用品摆放美观、精致。

　　□ 及时更换干净的垃圾袋。

（11）后勤总监的职责如下。

　　□ 安排人员将所有物品打包并送达会场。

　　□ 各个岗位的物品分发及归档。

　　□ 整理仓库及协助完成文件工作。

□ 最后清点物品并送回公司。

□ 结账及各种款项的交接。

□ 助教的用餐照顾，并做好登记。

（12）成交组的职责如下。

□ 讲师或主持人清楚传递相关信息，调动现场成交氛围。

□ 辅导员充分了解本组客户的成交意向，深入沟通，并带其至成交台。

□ 安排经销商们为客户提供服务，帮助客户熟悉公司产品及营销政策，成交前 30 分钟到达成交台，协助讲师办理报名手续及刷款流程。

□ 刷款组在成交前 30 分钟内准备好成交单、POS 机、计算器、签字笔、订书机、订书钉等成交所需物品，成交时态度要积极、主动、热情，刷卡流程要熟练。顺序为先刷卡，再填成交单。提醒客户输密码时应用手遮掩密码区，在客户输密码时应将头转向另一侧。

□ 在成交开始及整个成交过程中，主持人及成交负责人应适时公布优惠政策，营造机会难得的紧迫感，并适时公布报名人员，渲染气氛。

（13）辅导员组的职责如下。

□ 开场后统一站在自己桌边面向门口，鼓掌迎接客户进场。

□ 充分了解自己小组的客户（姓名、公司、规模、意向），深入沟通。

❑ 观察自己小组的客户对课程的反应，尤其是潜在客户。

❑ 现场资料的发放。

❑ 负责与客户的第一轮沟通，确定成交意向，并尽量带客户至成交台。

❑ 负责客户用餐及餐后整理。

（14）讲师接待组职责如下。

❑ 负责讲师的接送。

❑ 保障讲师休息和用餐。

❑ 负责准备讲师上课期间及下课期间的茶水、点心、水果。

以上 14 个岗位所涉人员可重叠，看似工作内容很多，但一般来说整个会务组有 10 人甚至更少就可以做得很好。

8.6.3　会务执行四大支柱

在整个会议执行过程中，有四类人在充当支柱，他们互相配合，随时控场和调节氛围，保证整个会议有序、圆满完成。

（1）总指挥：总指挥把控全场，随时调配人员和物料，负责处理现场出现的问题。

（2）主持人：主持人应具备良好的语言表达能力。首先，讲话要通顺流畅；其次，主持人应具备严密清晰的逻辑；再次，在语言表达上要有自己的特色，富有感染力；最后，主持人应具备一定的临场应变和即兴发挥能力。由于人的因素、设备的因素及组织管理协调等方面的原因，招商会过程中有可能发生一些意料之外的变故。此时主持人应能够保持冷静，充分发挥自身主观能动性，迅速思考并做出判断，根据判断组织语言进行应对，化解现场尴尬气氛。

（3）讲师：讲师要能在会场顺利、高效地将自己企业的信息传递给参会者，同时应该具有和参会人员灵活互动的能力，并且有处理突发状况的冷静思考能力。讲师要和主持人配合默契。

（4）DJ：DJ 要在会前准备好会场音乐、视频及文档资料。会议开始前一小时调试会场音响、麦克风等设备，确认电源没问题，确保多媒体设备无故障，保证会场多媒体播放正常。为此，DJ 需要能够熟练操作电脑及多媒体设备，具备随机应变的能力，随时配合主持人和讲师调动现场气氛。

8.7　合作伙伴招募的 7 个原则

招募合作伙伴是打造社交新零售团队的第一步。只有把握好此时的预审环节，才能确保未来对整个团队的领导力度。

优秀的合作伙伴要有充沛的财力、足够的时间、丰富的人脉，还要有灵敏的商业嗅觉、强烈的学习意识。因此，招募真正的合作伙伴时不能广撒网，更不应该以招募合作伙伴的名义寻找经销商。合作伙伴必须在小圈子中招募。

1. 合作伙伴的预审核

如果你是刚刚开始打造自有品牌的社交新零售创业者，不妨从原来合作过的商业伙伴或熟悉的朋友中寻找人选。之前有合作或相处的经历，能够让你了解对方，而通过创业前的交谈和了解，可以观察其是否能与你并肩作战。如果你的社交新零售企业已经成熟，可以先尝试从团队内部挖掘优秀经销商来担任合伙人。可以通过日常考察和交流找到那些希望有更大发展空间的成员，从而确保合作关系提升之后的默契。

总的原则是：在熟悉的范围内寻找合伙人，这样才能让社交新零售团队有强大的信任基础。

2.经销商预审核如何做

即便社交新零售团队刚刚起步、急需经销商，但管理者还是需要对其严格审核，符合条件的才能正式纳入团队。

对经销商的审核内容主要包括以下方面。

（1）财力审核：目前能够一次性购买多少产品、个人和家庭负债情况如何、是否参加了其他社交新零售项目、未来追加购买产品的能力如何、个人征信情况如何等。

（2）管理经验审核：是否参加过社交新零售营销项目、有无在正规企业的管理工作经验、目前手下有多大规模的经销商团队。

（3）人际关系资源：个人拥有多少老客户、个人在社会层面的人际关系如何、媒体和市场营销方面的人际关系如何。

（4）生活情况：有无不良嗜好、个人兴趣爱好如何、有无正在学习的领域、未来人生的基本规划是什么。

上述内容可以设计成专门表格，也可以通过面试以问答形式来了解。

3. 如何完成经销商入职手续

社交新零售经销商团队的人数越多，意味着团队发展前景越广阔，与此同时，团队管理的难度也越大。为此，需要提前设计完备的经销商入职手续。

（1）公示加入条件：在团队开始招收经销商之前，应该在各级成员的 QQ 群、微信群中公示加入条件。最好还能将内容发送到每个成员的邮箱中，并打印制作成纸质文件资料，提供给各级管理者做面对面公示。

（2）公示加入资料：及时将经销商的加入资料下发，相关内容一经固定就应确保团队成员完全了解，并且不能随意更改。新经销商申请加入团队需要提交的个人资料包括姓名、电话、微信号、现住地址、身份证号码、身份证复印件（正反面）、手持身份证照片、银行卡号码等。

（3）发放授权凭证：若新经销商满足条件，在他提交申请和资料后，团队管理者应尽快审核并批准。批准后，将授权凭证发放给新经销商，并分配到相应的团队。主要授权凭证包括授予普通经销商的电子版授权书、实体授权证书等。

4. 如何活跃经销商群

有人说："做社交新零售，经销商群的活跃度与赚钱的速度成正比。"经销商群是社交新零售团队相互沟通、共同成长的重要平台。团队管理者必须懂得如何保持经销商群的活跃度，避免因为过多人"潜水"而导致经销商群失去应有的活力和人气。团队管理者想要活跃经销商群，首先要设定好群的主题。事先应确定每个群的特点，是新人经销商讨论群，还是经销商目标下发群或经销商分配团队群等。只有先确定主题，才能设法提高活跃度。

其次，要记住群内每个人的名字和昵称。在群里除了能叫得出经销商的昵称，还要将之和真实姓名联系起来，如此才能做到有针对性地沟通和激励。

再次，要在经销商群多开展活动。提前约定固定时间（如晚上七点）开始群内活动。活动应具有趣味性，并能激发群友的好奇心，如猜数字游戏、接龙游戏等。每天在固定时间玩游戏，能够加深群友之间的情感联系，提升依赖感。可以随时随地开展红包游戏，也可以提前进行铺垫，介绍开展活动的理由，如"半小时后我要发红包了，因为今天我最好的朋友来做经销商了"等。还可以每天在固定时间发红包，往往一个原本没有人气的群，连续在固定时间发红包，就能重新焕发活力。

最后要和群里的活跃分子建立核心团队。找到那些发言频繁、上网时间长的群成员，他们大多对社交新零售事业相对积极，并喜欢互动。将这群人组织起来，组成群管理团队，并开展集体工作，以提升群内气氛。

5. 如何了解经销商的资源基础

经销商加入团队之后，虽然已办理了入职手续，但上级经销商不可能通过纸面文件就完全了解他们。为了掌握他们各自的特点，尤其是清楚他们手中有多少利于团队的资源，管理者可以执行以下方法和操作。

（1）举行欢迎仪式，请经销商进行自我介绍。在团队内部举行线上或线下的欢迎仪式。参加仪式的除了经销商本人和管理者之外，还应有整个团队的资深成员、同批进入的新成员等。在咖啡馆、KTV 等场所能够营造轻松惬意的氛围，便于经销商放下包袱，进行自我介绍。在经销商做自我介绍时，不妨观察他重点提及的个人优势，往往越是他强调的地方，就是越具有可挖掘性的地方。

（2）**私下沟通，了解经销商的人际关系**。在欢迎仪式后，管理者可以和经销商私下沟通。不妨围绕其家庭、求学和就业经历随意聊天，重点了解其性格特点、最好的朋友、喜欢的环境、兴趣爱好等。通过这样的沟通，管理者能够更全面地看清经销商的发展方向，并对其未来扩大团队的可能性做出准确预判。

6. 如何对待经销商的疑问

众所周知，新加入品牌的经销商总会对产品特点、运作模式等抱有疑问。在和经销商接触的初期，管理者应集中注意力解决他们的疑问，并以此了解不同经销商的个人特点。下面是经销商通常会提的疑问类型。

（1）**关于产品**。有些经销商会询问产品本身的情况，如产品价格、包装大小、质量保证、功能效果、市场定位等。提出这些问题的经销商大多希望自己能找到长久的事业，因而会比较关心产品价值。对此，管理者需要真诚、坦率、全面地展示产品的实际情况，从而确保他们能真正放心。

（2）**关于经验**。不少经销商都会担心"我从未做过销售怎么办""自己不会介绍产品怎么办"，这些问题无疑都是因为缺乏经验而引发的，这证明他们既希望提高业绩，又存在信心不足的主观困难。管理者可以先肯定他们之前的工作经验，哪怕这些经验与营销无关，强调无论哪方面的经验对社交新零售营销都有重要意义，同时以自身或实际案例证明零经验的人同样可以做好社交新零售。

（3）**关于收入**。少数经销商一开始就会追问自己能拿多少钱，如"我做这个能挣多少钱""什么时候能达到你的水平"等。提出这些问题，说明他们并未做好准备，而且希望自己能够一步成为成功者，甚至"躺着挣钱"。对于这样的经销商，社交新零售管理者需要打破他们对创业不切实际的幻想，向他们说明社交新零售赚钱的机制，强调需要自己多付出才可能成功等，从而助其调整心态，以后踏实工作。

7. 如何给经销商设定目标

每个加入社交新零售团队的新经销商，都有自己最初的"冲动"。有人渴望做社交新零售获得金钱收入，有人希望得到更多成就感，也有人只是抱着改变自己现状的想法……社交新零售管理者应结合每个经销商的不同特点，将他们的"冲动"变成明确目标，从而让团队具有更高的工作效率。

首先，要帮助经销商发现其目前生活与工作上的不足。社交新零售经销商几乎没有门槛，任何人都可以尝试，这就注定社交新零售经销商会有各种不足之处。管理者应该从帮他们审视自我不足开始，为其树立应有的工作目标。例如：对于年轻而缺乏经济基础的刚毕业的学生，应指出其当务之急是解决生活问题，完成基本的财务积累；对于已有一定工作经验的经销商，可以指出其现有的工作上的问题和人生困境，完全能通过社交新零售事业解决；对于并不缺乏物质的"全职太太"，可以从家庭地位、社会角色、个人价值等方面予以提点。

其次，**帮助经销商设立目标，且应要求其量力而行**。不同的人有不同的能力、性格和成长环境，这决定了他们设定的事业目标有所不同，应根据对每位经销商的了解，先帮助他们设定能够轻松完成的目标。例如，有较多人际资源的，可以让他们从中选择最适合发展的种子客户，尽快出单；有社交新零售从业经历的，可以利用过去客户的信任，尽快销售产品；个人性格张扬、较为高调且很努力的，可以将月销量设得高一点；个人较为谨慎保守，能力尚有欠缺的，可以将月销量设得低一点……总体原则是让经销商能够"跳一跳就摘到果子"，这样他们就会对随后的工作有兴趣、也有信心。

最后，**要让经销商眼中的目标形象化、具体化**。在团队中，既需要通过量化目标实现管理的科学性和精准性，又要让目标更为形象具体，从而真正触动每个成员的心。管理者可以在经销商入职初期了解他们的人生愿望，并将之图像化，让经销商们对未来有更具体的感知。

社交新零售教育系统

9.1 社交新零售为什么需要教育系统

社交新零售项目能否发展壮大，不仅在于能聚集多少人，还在于受到多大程度的制约。尤其在当下激烈的市场竞争环境中，社交新零售必须通过完善的教育系统实现系统化的教育，对经销商的能力进行全面提升，从而突破制约，确保成功。

此外，之所以需要特别的教育形式，是由社交新零售本身的特点决定的。在实体企业中，从市场总监到片区督导，都可能专门来督促和培训商铺老板，由于他们双方见面次数多、沟通方便，复制技能并不困难。但社交新零售完全不同，其销售和培训环节大多依靠互联网，而对经销商的管理、对关系的维护又只能依靠培训。因此，培训教育的效果可以说直接决定了社交新零售企业的兴衰存亡。

另外，由于社交新零售大多是团队作战，因此，企业存在的问题会涉及团队所有人，而不会仅表现在某个方面、某个人身上，只有及时发现问题并通过有效教育解决问题，才能提高团队水平。从长远来看，对团队进行系统教育，有利于社交新零售管理者提升思维高度，思考战略层面的事情，而不是长时间停留在执行层面，拘泥于"最近又卖出去多少货""招到多少新经销商"这些问题。虽然这些问题值得充分关注，但团队教育正是为了帮助管理者偶尔从这些问题中抽身出来，使其看得更高走得更远。

因此，社交新零售的培训教育工作并非多此一举，其目的是将团队中大部分人的共性问题集中发掘出来。通过集体培训，有针对性地解决这些问题，从而提高效率，避免在不同的员工身上因为同样的问题浪费管理时间。

从延续性上来看，教育系统也是项目起盘后的重中之重，模式和教育是社交新零售整体推进的两大利器。模式是团队教育的先导部分，不做好模式诊断，教育就缺少可行的目标；团队教育则是模式起盘后的落地执行，只有用整体化、系统化的教育，才能对模式推进过程中暴露的问题加以解决。事实证明，不少原本毫无背景与特色的社交新零售企业，恰恰是在这两大战略上正确落子，才取得了竞争者无法取得的优秀成绩。

社交新零售企业进行团队教育，还可以推动企业文化的建设。任何企业文化都不应只停留在"喊口号""写心得"的表面，而应通过反复教育，让每个成员在教育过程中潜移默化地改变自身、融入组织，体会到团队文化的力量，并愿意为之改变自身。

此外，企业进行团队教育，还能很好地传播品牌形象、提高企业专业化程度、明确业务流程，从而提升工作效率。可以说，没有教育系统，就没有强大的社交新零售企业。

9.2　社交新零售教育系统三大组成部分

社交新零售教育系统三大组成部分分别为标准化教育系统、专业化辅导团队和灵活化日常分享。

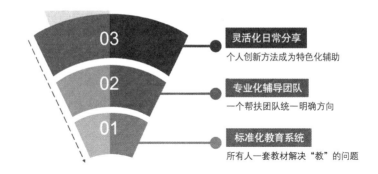

9.2.1 标准化教育系统

社交新零售项目对于所有新加入的经销商来说都是全新的，他们都是没有经验的，是不会经营的，比如，对于发朋友圈，不知道为什么发、发什么、怎么发；再比如，对于用微信群服务顾客，不知道怎么服务、服务什么、群冷清了怎么办。因为他们不了解，所以就会乱做、做错、放弃。

所以，要想帮助立志在社交新零售领域创业的伙伴们，企业就必须建构起一套可复制、可传承、能成功的教育系统。经销商只有经过系统化教育，才能更有效率地学习和实践。

1. 教育系统的五项特征

（1）**完整性**。经销商在经营中遇到的所有问题，在教育系统中都有答案，从顾客到小经销商，到区域经销商，再到总经销商，都要有完整的教育系统。

（2）**阶段性**。什么阶段做什么事情都有一个引导地图，经销商们可以随时查阅，从而明确自己从哪里来，到哪里去，现在在哪里，以及要做哪些事。

（3）**可操作性**。企业要从大量优秀的经销商的从业经历中总结出好的经验，然后将这些经验分门别类地展示出来，让各个角色、各个阶段的经销商们得到当前阶段可操作的方法。

（4）**可证明性**。让经销商们都可以依靠这套系统走上正轨，使其可以帮助更多各个阶层的人达成共同的目标，再从已经达到目标的经销商的工作中继续总结出可操作的经验，不断完善教育系统。

（5）**可复制性**。教育系统不可太繁杂，要有实操性、可落地、化繁为简，但最重要的是可复制性，只有这样才可以被传承。

2. 教育系统化的优点

教育实现系统化后，具有如下优点。

（1）**伙伴们可以同步高效学习，解决"教"的困难**。尽管大量的品牌都在跟经销商强调"会讲很重要，演讲很重要"，但学会演讲是一件很难的事情，要讲好更是难上加难。并不是这项技能难，而是很多人无法克服心中的恐惧。如果没有教育系统，这就是一件很难解决的事情，或许他们会讲产品，但是真的很难当老师教别人克服恐惧。教育系统化后就可以完美解决这个问题，所有人进行品牌经营时，都应先系统学习一次。

（2）**企业内有统一可循的教材，便于复制、检查及修正**。没有标准，就无法复制；天马行空，就无法统一。企业可以鼓励大家创新思维、创新方法，但这需要在一个教育系统主轴的牵引下才能开枝散叶。如果企业没有教育系统的主轴，就很难让公司、产品、经营甚至是价值观实现统一，随之而来的就是思想散了、心散了、人也散了。

（3）**提升经销商信心，有效发挥"安内攘外"的力量。** 有了教育系统化的统一价值观，可提升经销商的信心，即实现安内。其他品牌没有教育系统，就会混乱，而有能力的经销商也一定希望能够找到有系统的品牌加入，我们自己人也会因此更稳定地留在我们的企业，从而实现了攘外。

（4）**留住或培育出更优秀的领导者。** 大家都知道，只有团队中拥有比自己更优秀的成员，团队才能做大做强，但招募成员容易，留下来难。难的原因更多会出在优秀人才在推荐者身上学不到更多东西，而推荐者大多不是能力不足，而是既要忙业绩，又要培训新人，精力不足。如果有了教育系统，培训人的事情就可系统解决。

（5）**有了复制及传承，企业才会壮大。** 标准化的内容才能够复制与传承，有标准，组织才会更强大。

（6）**可以让创业更轻松与自由。** 前面介绍了，如果企业可以打造出教育系统，我们可以把很多时间省下来，然后用这些时间去做市场。教的问题，系统可以解决大半，我们的创业和生活才可以更轻松与自由。

9.2.2 专业化辅导团队

企业除了要提升经销商的能力并建立教育系统外，还要组建专业的辅导团队。这个团队通常隶属社交新零售的商学院部门或者销售部。专业化的辅导团队的职责如下。

（1）**组织各级经销商制定年目标、季目标、月目标、周目**

标。做企业必须要有经营目标，而这些经营目标又必须由经销商团队共同完成，所以需要一支辅导队伍来与高级别的经销商保持经常性沟通，并一起制定年目标、季目标、月目标、周目标，之后不断跟进目标的达成情况。

（2）**按周不断检视目标的达成率**。如何检视？最简单的方式是开会，即使在不同的城市，随着移动化办公的普及，我们依然可以通过一部手机常联系，比如建立微信群，用群通话的方式进行沟通。"常开会"是最有效的保障业绩的方法。

（3）**正确引导团队统一价值观**。辅导团队的成员就如同经销商的辅导员，他们通过日常的关怀与辅导来拉近和经销商之间的关系，从而统一价值观。

（4）**到各地经销商团队所在地进行线下辅导**。线上见上千百遍，不如线下见一面，线上固然很重要，但线下见面更重要。做得好的社交新零售企业，无一例外都是上级经销商经常会到下级经销商所在区域进行线下辅导。企业的辅导部门应先带动顶级经销商，下到他们自己的区域去做辅导，帮助他们把本地区的各级经销商们都带动起来，这样就可建立起从上到下的服务体制与传承机制。

9.2.3　灵活化日常分享

灵活化日常分享的基础是经销商必须对标准化系统教育熟记于心，比如对企业、项目、产品、愿景、目标、使命的认知。在正确的经营与发展轨道内，可以对日常经营中新的方法加以总结与分享。

灵活化的日常分享可以通过各种平台以各种形式进行，平台包括微信群、直播间、线下沙龙等。形式主要包含以下两大类。

（1）分享使用产品的心得（自用，他用）。

（2）分享经营事业的心得（个人改变、产品销售、团队招募、带领团队）。

因为是心得，所以用讲故事的方式分享即可，既通俗易懂，又实用可落地。

灵活化日常分享并非出一套新体系，而是公司经营理论体系的延伸。如果超出这个范畴，很容易导致个人、团队与企业之间的价值观冲突，从而产生矛盾。当所有经销商一起来学"一套系统"、一起来用"一套系统"、教"一套系统"的时候，团队经营将变得非常简单、轻松。

把需要深度思考且烦琐的事情留给企业，把简单且易执行的方法教给经销商，这是企业的责任。

结束语：社交新零售是时代的产物，并不是它颠覆了原有的商业模式，而是所有的生意都可以通过社交营销的方式再做一遍。